REGINA HALMICH DIE KRAFT IST WEIBLICH

REGINA HALMICH

Die Kraft ist weiblich

Fit, schön und stark mit der erfolgreichsten Boxerin der Welt

IRISIANA

IRISIANA

Haftungsausschluss
Die Übungen und Ratschläge in diesem Buch sind sorgfältig recherchiert und in der
Praxis erprobt worden. Die Leser und Leserinnen müssen jedoch selbst entscheiden,
inwieweit es ihnen ihre Konstitution erlaubt, die Vorschläge aus diesem Buch umzu-
setzen. Die Autorin und der Verlag übernehmen keine Haftung.

Bibliografische Information Der Deutschen Bibliothek
Die Deutsche Bibliothek verzeichnet diese Publikation in der Deutschen
Nationalbibliografie; detaillierte bibliografische Daten sind im Internet
über http://dnb.ddb.de abrufbar.

© Heinrich Hugendubel Verlag, Kreuzlingen/München 2003
Alle Rechte vorbehalten

Umschlaggestaltung: Werkstatt München / Weiss • Zembsch
unter Verwendung eines Fotos von Heiner Köpcke
Redaktion: Johann Lankes
Produktion: Ortrud Müller
Fotos: Heiner Köpcke
Satz: Impressum, München
Litho: Fotolito Longo
Druck: Alcione, Trento
Printed in Italy

ISBN 3-7205-2452-3

Inhalt

Vorwort

Als Profiboxerin ist mein gesamtes Leben auf meinen Sport ausgerichtet, jeden Tag aufs Neue und das ganze Jahr über. Dabei ist die Leistungsfähigkeit meines Körpers mein Kapital, die dafür notwendigen Säulen sind das professionelle tägliche Training, ausgewogene Ernährung und ein geregelter Tagesablauf. Ohne diese Grundlage hätte ich bisher nicht das Beste aus meinem Körper herausholen und meinen Weltmeistertitel über so viele Jahre hinweg erfolgreich verteidigen können. Konstant auf die beschriebene Weise zu leben – und das mit vollem Einsatz! – hat mir dazu verholfen. Dabei habe ich oft feststellen können, dass Frauen beim Training einsatzfreudiger als Männer sind und eher dazu bereit, bis an ihre Grenzen zu gehen. Viele Erfahrungen, die ich auf diesem Weg gemacht habe, lassen sich ebenso auf den Freizeit- und Gesundheitssport übertragen. Auch hier muss man sich einsetzen, braucht Willen und Disziplin. Sonst wird man sein Ziel, fit und gesund zu bleiben oder zu werden, nicht verwirklichen. Man sollte aber wissen, wie man dies am besten erreicht und seinen Körper auf die individuell geeignete Weise fordert.

Oftmals werde ich gefragt, wie lange ich noch boxen werde. Nun, die Antwort ist einfach: Solange ich mich gesund und fit genug fühle und Spaß daran habe. Ob ich später als Fitness- oder Boxtrainerin arbeite oder anderen Interessen folge, weiß ich noch nicht. Sicher werde ich meinen Körper aber auch später in Form halten und nicht vernachlässigen. Dafür bewege ich mich viel zu gerne. Und ebenfalls weiß ich, dass man etwas dafür tun muss, wenn man seine Ziele verwirklichen will.

Wer regelmäßig trainiert, Sport ausübt oder Fitnessprogramme durchführt, fördert seine Gesundheit und ist körperlich wie geistig leistungsfähiger. Die Sauerstoffaufnahme des ganzen Körpers nimmt zu und damit die Stoffwechselaktivität aller Organe und Gewebe. Die Durchblutung wird verbessert, Krankheiten vorgebeugt, Stress sowie Anspannung nehmen ab und wir fühlen uns optimistisch und ausgeglichen. Und noch einen weiteren Effekt hat das Fitnesstraining natürlich auch: Haut und Muskulatur werden gestrafft und wir bekommen eine vitalere Ausstrahlung. Unser gesamtes Erscheinungsbild verändert sich positiv – und das gefällt nicht nur uns Frauen.

Unabhängig von ihren körperlichen Voraussetzungen kann jede Frau fitter und gesünder werden. In diesem Buch werden Sie zahlreiche Übungen und die dazugehörige Anleitung finden. Ich habe auch verschiedene Übungen aus dem Fundus der asiatischen Tradition aufgenommen, die in besonderer Weise für die Stärkung von Vitalität und Gesundheit geeignet sind. Die Bandbreite der Übungsprogramme in diesem Buch reicht daher von Gesundheitsförderung bis hin zu Fitnessübungen für Fortgeschrittene. Durch meine Erfahrung mit dem Kampfsport weiß ich um die Bedeutung der richtigen Atmung und wie sehr sie im täglichen Leben, aber auch bei einem Fitnesstraining vernachlässigt wird. Sie kann ebenso dabei helfen, unsere Leistungsfähigkeit zu steigern, wie uns zu harmonisieren und schneller zu regenerieren. Aus diesen Gründen wird auf die Atmung in meinem Buch in besonderer Weise eingegangen.

Wie im Profisport ist es auch im Freizeitsport wichtig, dass wir uns über die Ziele im Klaren sind, die wir mit unserem Fitnesstraining erreichen wollen. Wenn Sie um die Auswirkungen wissen, die ein Fitnesstraining auf Sie haben kann, dann wird Ihnen dies helfen, die richtige Motivation und geistige Einstellung dafür zu entwickeln, und es wird Ihnen leichter fallen, die dafür notwendige Ausdauer aufzubringen.

Vertrauen Sie sich und Ihren Träumen: Sie werden sehen, wie viel Power, Ausdauer und Lebensfreude in Ihnen steckt und wie leicht Sie die Herausforderungen des Lebens meistern können! Trauen Sie sich und genießen Sie Ihren Erfolg!

Ihre Regina Halmich

I

Die optimale Trainingsvorbereitung für Körper und Geist

Bevor Sie mit einem Fitnesstraining beginnen, sollten Sie sich über Ihre Ziele klar geworden sein. Wollen Sie gesünder werden oder streben Sie eine umfassende Fitness an? Oder soll Ihnen das Training dabei helfen, abzunehmen und Problemzonen abzubauen?

Jede Frau hat individuelle körperliche Voraussetzungen, abhängig von Alter und momentanem Fitnesszustand. Deshalb ist es für manche Frauen notwendig, einen ärztlichen Check-up durchführen zu lassen, bevor sie mit dem Training beginnen.

Je deutlicher Sie Ihre Ziele und Voraussetzungen vor Augen sehen, desto leichter können Sie so trainieren, wie es Ihren eigenen Vorstellungen entspricht. Das wird Ihnen dabei helfen, Ihre Ziele auch wirklich zu erreichen.

Was ist Fitness?

Fitness als körperliche und geistige Leistungsfähigkeit

Ganz allgemein versteht man unter Fitness unsere körperliche und geistige Leistungsfähigkeit. Fit zu sein bedeutet, gesund zu sein, Krankheiten vorzubeugen, sich insgesamt wohler und kräftiger zu fühlen. Stress, Anspannung und Nervosität werden durch ein geeignetes Training gelindert und abgebaut. Wir sind weniger träge und werden optimistischer und ausgeglichener. Frauen sind oft mehr als Männer an einer Verbesserung ihrer Figur interessiert, an einer aufrechten Haltung, straffen Muskulatur und schöner Haut. Problemzonen am Bauch, dem Gesäß und den Oberschenkeln sollen möglichst vollkommen verschwinden. Jeder weiß, dass dies nicht von allein geschieht. Sind wir aber auch bereit, etwas dafür zu tun? Nicht wie eine Profiboxerin. Aber wer sich etwas wünscht, sollte schließlich auch versuchen, sich diese Träume zu erfüllen und sein Leben in die Hand zu nehmen.

»Ein Wahlspruch von mir lautet: Lebe deinen Traum und träume nicht dein ganzes Leben.«

Voraussetzung, um fit zu werden und zu bleiben, ist, dass wir unseren Körper durch geeignetes Training und Tätigkeiten fordern, soweit dies für uns realisierbar und notwendig ist. Abhängig von unseren Zielen reicht die Bandbreite eines möglichen Fitnesstrainings dabei vom Gesundheits- bis hin zum Leistungssport. Besonders wer den ganzen Tag über am Schreibtisch sitzt, sollte auf den körperlichen Ausgleich achten und nicht auch noch den Abend ausschließlich vor dem Fernseher verbringen.

Zwischen körperlicher und geistiger Fitness und Wohlbefinden besteht ein enger Zusammenhang: Man weiß heute, dass durch ein geeignetes Training körpereigene Eiweißstoffe, die so genannten Endorphine, im Gehirn ausgeschüttet werden, die uns ein Glücksgefühl vermitteln. Aber auch ohne diese Glückshormone beeinflusst der körperliche Zustand unsere Psyche: Fühlen wir uns körperlich wohler, werden wir auch geistig ausgeglichener und selbstbewusster. Und wir sind weniger anfällig gegen Stress. Dagegen werden unsere geistige Leistungsfähigkeit, Kreativität und Konzentration auf Dauer abnehmen, wenn wir unseren Körper vernachlässigen. Personen, die an Depressionen leiden, wird ein regelmäßiges Lauftraining sehr empfohlen, da es ihnen helfen kann, sich psychisch zu stabilisieren.

Die positiven Auswirkungen eines Fitnesstrainings

Die folgende Liste gibt Ihnen einen Überblick über die positiven Auswirkungen eines regelmäßigen Trainings. Gefördert und gestärkt werden:

➤ Körperlich:
- Herz und Kreislauf (Krankheitsvorbeugung durch verbes-
  serte Funktion und Senkung des Blutfettspiegels)
- Immunsystem (Infektvorbeugung)
- Stoffwechseltätigkeit
- Muskeln, Gelenke und Knochen
- regelmäßige Verdauung
- erholsamer Schlaf
- körperliches Wohlgefühl und Körperhaltung

➤ Mental:
- Selbstbewusstsein und Selbstwertgefühl
- Konzentrationsfähigkeit
- psychische Ausgeglichenheit und Wohlbefinden
- soziale Kontakte (durch größere Entspannung)

Auch unserer Ästhetik, unserem Aussehen, hilft ein geeignetes Training:
Die Muskulatur wird gestrafft und die Beweglichkeit nimmt zu. Ernähren wir uns dazu auch noch ausgewogen und essen nicht zu fett und zu
viel, werden wir langfristig Fett und Problemzonen abbauen. Wie gut
Ihnen dies gelingt, liegt ganz allein bei Ihnen. Sie müssen nur wollen und
mit dem Training beginnen. Ich zeige Ihnen, wie es funktioniert.

»Ich arbeite als Boxerin hart an mir und bin bereit, an meine Grenzen zu gehen.«

Die richtige Einstellung für das Training

Für jede Sportlerin und jeden Profisportler ist die mentale Vorbereitung auf einen Wettkampf immens wichtig. Aber auch Sie als angehende oder bereits praktizierende Freizeitsportlerin sollten sich geistig auf Ihr Ziel einstimmen.

Fitness betrifft Körper *und* Geist. Dabei sind mit mentalen Trainingsvoraussetzungen nicht die Auswirkungen gemeint, die regelmäßiges Training auf Sie hat, sondern vor allem Ihre mentale Einstellung *vor* der sportlichen Betätigung. Vor einem Training sollte schließlich der Entschluss feststehen, es tatsächlich regelmäßig und diszipliniert durchzuführen. Je motivierter Sie sind, weil Sie zum Beispiel leistungsfähiger und gesünder sein oder an Gewicht verlieren wollen, umso eher werden Sie etwas für Ihre Fitness tun. Haben Sie von je her Spaß an Bewegung und Fitnessübungen, wird Ihnen das Training leichter fallen. Aber auch wenn Sie eher zu den Bewegungsmuffeln zählen, die zwar angefangen, aber wieder aufgehört haben, weil es Ihnen zeitlich oder körperlich nicht gelungen ist, die notwendige Disziplin zu wahren, können Sie sich durch Erfolge selbst motivieren. Es gibt keinen von Geburt an trägen Menschen. Jeder kann den Wert und die Bedeutung regelmäßiger Bewegung am eigenen Leib erfahren. Machen Sie sich klar, dass ein geeignetes Training Ihnen hilft, insgesamt glücklicher, selbstbewusster und leistungsfähiger zu werden. Am meisten Energie hat man für seine Tätigkeiten, wenn man sie gerne macht. Das betrifft den Beruf gleichermaßen wie die Familie oder sportliche Aktivitäten.

Die Übungsprogramme in diesem Buch sind so zusammengestellt, dass jede Frau nach ihren Fähigkeiten trainieren kann, die Gesundheits- ebenso wie die anspruchsvolle Freizeitsportlerin. Und auch Leistungssportlerinnen können die ein oder andere Übung finden, die ihnen bei ihrer sportlichen Karriere weiterhelfen kann.

Sich auf das Ziel konzentrieren

Für eine Profiboxerin dreht sich der ganze Tagesablauf darum, das Bestmögliche aus ihrem Körper herauszuholen, alles zu geben. Ziel ist der nächste Wettkampf und je näher er rückt, desto wichtiger ist die intensive Vorbereitung.

Für die mentale Einstellung ist es besonders wichtig, dass ich das Gefühl habe, hundertprozentig fit zu sein und mein Bestes geben zu können. Dazu gehört im Training auch, dass ich mich auf die jeweilige Gegnerin sorgfältig einstelle – durch geeignete Sparringspartnerinnen und das Studieren von Kampfvideos der Gegnerin. Schließlich ist ein Volltreffer ein Volltreffer und den steckt niemand einfach so weg.

»Ohne Willen kann man nicht gewinnen. Im Boxring zählt knallhart nur die Leistung.«

Auch wenn Sie Freizeitsportlerin sind, machen Sie sich Ihre Ziele klar und gehen Sie sie an. Haben Sie den Mut, sich neu zu erleben! Viele Menschen fügen sich den Zwängen des täglichen Lebens derartig, dass Ihnen keine Zeit mehr für sich selbst bleibt.

Gewinnerin sein

Jemand, der sich durchsetzen und seine Ziele erreichen kann, gewinnt. Dazu gehören drei Dinge: zu wissen, was man erreichen will, an sich zu glauben und seine Ziele mit Beständigkeit zu verfolgen. Das betrifft das tägliche Leben genauso wie das Ausüben eines Fitnessprogramms oder Leistungssports. Definieren Sie daher zunächst Ihre Trainingsziele.

Machen Sie sich dann einen Plan, den Sie mit Disziplin und Beharrlichkeit verfolgen. Muten Sie sich dabei nicht zu viel zu; schnell erreichte Ziele haben oft nicht sehr lange Bestand. Wer allmählich und stetig foranschreitet, hat meist in kürzerer Zeit dauerhafte Erfolgserlebnisse als jemand, der sich stark unter Druck setzt. Für Letzteren wird das Training bald in Stress ausarten und er wird nicht durchhalten. Haben Sie aber Erfolgserlebnisse, erfahren Sie Bestätigung, wächst Ihr Selbstbewusstsein und Sie werden motiviert und ermutigt, weiter zu trainieren.

Als Boxerin muss man kein aggressiver Mensch sein. Was zählt, ist der Wille zum Sieg. Bei einem Kampf muss man versuchen, wie bei einem Schachspiel, dem Gegner stets einen Schritt voraus zu sein.

Selbstbewusstsein entwickeln

Wenn eine Frau ihre Ziele mit vollem Einsatz verfolgt, muss sie deswegen nicht unweiblich sein. Das ist ein häufiges Vorurteil gegenüber erfolgreichen Frauen. Im Alltag und im Training an seine Grenzen zu gehen und sein Bestes zu geben, kann jeder Mensch, egal ob Mann oder Frau. Wer seine Ziele und Wünsche auf diese Weise verfolgt, wird auch Erfolgserlebnisse haben, die das Selbstbewusstsein stärken. Das gilt für Profisportlerinnen und -sportler gleichermaßen wie für Personen, deren Ziel es ist, körperlich fit zu werden.

Ich bin nicht aus Emanzipationsgründen Boxerin geworden, sondern weil ich Freude an diesem Sport habe. Für mich sind Kraft und Weiblichkeit kein Widerspruch.

Was uns oft daran hindert, selbstbewusst unseren Weg zu gehen, oder daran, ein Fitnessprogramm aufzunehmen, sind verschiedene Ängste und Sorgen: Ich kann meinen Beruf, meine Familie nicht vernachlässigen! Ich bin doch viel zu unsportlich! Ich werde es ohnehin nicht schaffen, abzunehmen! Ich habe es ja schon so oft probiert! Wenn Sie es zulassen, dass derartige Ängste sich bei Ihnen dauerhaft einnisten, dann werden Sie von ihnen beherrscht und kaum einen neuen Schritt wagen.

Nach einer alten Samurailegende gestand ein Schüler seinem Lehrer, stets von Sorgen und Ängsten bedrängt zu werden. »Du kannst die Vögel nicht hindern, über deinen Kopf zu fliegen«, erwiderte der Meister. »Aber du kannst sie sehr wohl davon abhalten, in deinem Haar ein Nest zu bauen.«

Das bedeutet: Auch wenn wir nicht verhindern können, dass Ängste und Sorgen in unserem Gehirn auftauchen, so sind wir doch in der Lage, zu verhindern, dass sie sich breit machen und uns lähmen. In den Kampfkünsten gibt es einen geflügelten Satz:

Der größte Krieger besiegt zunächst sich selbst.

»Meine Erfahrung zeigte mir, dass die meisten in den Selbstverteidigungskursen vermittelten Abwehr-Techniken gegen Uppercuts (Aufwärtshaken), Schwinger und Haken wirkungslos sind.«

Anspannung und Entspannung – ein ständiger Wechsel

Spannung und Entspannung müssen in geeignetem Maß aufeinander folgen, wie Tag und Nacht, Ebbe und Flut, Wachsein und Schlaf. Auf die gleiche Weise sollten sich Anspannung und Entspannung abwechseln. Für Menschen, die tagsüber beispielsweise viel sitzen, ist körperliches Training ein hervorragender und notwendiger Ausgleich.

Aber auch bei jedem Training ist es wichtig, im individuellen Maß nicht die ganze Zeit Höchstleistung zu bringen, sondern zwischendurch leichtere Übungen durchzuführen, sodass sich Kreislauf und Atmung wieder ein wenig erholen können. Ebenso sollten schnelle und langsame Phasen aufeinander folgen. Auf diese Weise sollten auch die Trainingsprogramme aus meinem Buch ausgeführt werden. Dabei muss das Training selbst so aufgebaut sein, dass es auf die individuellen Fähigkeiten und Trainingsziele abgestimmt ist. Jeder Sport und jedes Fitnesstraining ist dabei in drei Hauptphasen gegliedert:

➤ das Aufwärmen oder *Warm-up* mit Dehnungen,
➤ die eigentliche Übungsphase mit abwechselnd leichteren und schwierigeren Übungen oder der entsprechenden sportlichen Aktivität und
➤ das Abwärmen oder *Cool-down* (s. a. S. 44).

Auch bei der Trainingshäufigkeit sollten wir auf einen individuell geeigneten Rhythmus achten. Nach einigen intensiven Trainingseinheiten an mehreren Tagen hintereinander, braucht der Körper normalerweise ein bis zwei Erholungstage, an denen sich Muskeln und Gelenke völlig regenerieren können. Wer auf diese Weise gelegentlich pausiert, wird meist schneller fit werden als jemand, der täglich trainiert.

Um als Boxerin an einem Kampftag die größtmögliche Leistung bringen zu können, ist am Wettkampftag selbst Ruhe angesagt, damit der Körper zum Kampfzeitpunkt vollkommen fit ist. Ich schlafe aus und frühstücke meist gegen 9:00 Uhr. Anschließend mache ich einen Spaziergang

»Diese zwei Hamburger Footballspieler wurden für meinen 25. Geburtstag engagiert, um mich vor der kalorienreichen Torte zu schützen. Denn bei WM-Kämpfen darf ich maximal 49 Kilo (Junior-Fliegengewicht) bzw. 50,8 Kilo (Fliegengewicht) auf die Waage bringen.«

durch den Wald. Mittags lege ich eine Ruhepause ein, in der ich nochmals ein wenig schlafe. Relativ spät, etwa um 16:30, folgt dann das letzte Essen vor dem Kampf: die große Portion Spaghetti mit Tomatensauce. Nudeln geben Langzeitenergie und die braucht man vor einem Kampf ganz besonders. Fleisch würde den Körper zu sehr belasten. Das Essen ist deswegen so spät, weil auch die Kämpfe meist sehr spät angesetzt sind. Zwischen 20:00 und 21:00 Uhr gehe ich in die Kampfhalle, um mich aufzuwärmen.

Grundsätzlich sollten Sie auch auf Abwechslung achten. Wer als Freizeitsportlerin siebenmal in der Woche das gleiche Übungsprogramm durchführt, wird dessen schnell überdrüssig werden. Wechseln Sie daher ab, variieren Sie die Übungen und machen Sie ab und zu einen kleinen Lauf oder einen anderen Freizeitsport an der frischen Luft.

Mein Training als Boxerin ist sehr abwechslungsreich. Laufen, Konditions- und Krafttraining gehören ebenso dazu wie Schnelligkeits- und Reflextraining, Sparringskämpfe, Sandsack- und Pratzentraining.

Wer etwas leistet, kämpft oder sich anstrengt, muss aber auch entspannen. Das betrifft das Training ebenso wie die jeweilige Lebensgestaltung.

Nach einem Kampf habe ich zwei Wochen Trainingspause bis zur nächsten Vorbereitungsphase, und damit mehr Zeit, Musik zu hören, mich mit Freunden zu treffen, ins Kino zu gehen oder Urlaub zu machen. Dass ein Leistungssportler auch Spaß versteht und dass Boxer nicht nur aggressive, ehrgeizige Menschen sind, das wollte ich mit dem Showkampf gegen Stefan Raab deutlich machen. Außerhalb des Rings ist Boxen schließlich Showbusiness. Dort muss man zeigen, dass man auch etwas anderes leisten kann, eine andere Facette seiner Persönlichkeit vorzeigen. Wenn jemand nur im Ring steht, funktioniert das nicht.

Wie erreichen Sie Ihre persönlichen Ziele beim Fitnesstraining

Die Bedeutung körperlicher Fitness hat in den letzten Jahren stark zugenommen. An schönen Tagen sind ganze Heerscharen von Joggern unterwegs. Weniger bekannt ist allerdings die Tatsache, wie man am besten ein Training beginnt. Denn dies schafft erst die Voraussetzung, dass wir auch wirklich am Ball bleiben und nicht vorzeitig die Flinte ins Korn werfen.

Die vier Fitnesskomponenten

»Vertrauen Sie sich und glauben Sie an das eigene Ziel, am besten in jedem Augenblick.«

Jedes Training ist auf Leistungssteigerung ausgerichtet. Wir erwarten, dass wir körperlich und geistig leistungsfähiger werden, und streben mehr Gesundheit und Wohlbefinden an.

Dazu sollten wir wissen, dass unser Körper grundsätzlich auf Belastung reagiert. Wenn wir uns über einen längeren Zeitraum hinweg stärker belasten als wir es gewohnt sind, reagiert der Organismus mit einer Anhebung seiner Leistungsfähigkeit. Umgekehrt reduziert sie der Körper, wenn wir ihn längere Zeit nicht fordern. Auf Dauer kommt es sogar zu vermehrtem Verschleiß. Unsere Gelenke zum Beispiel brauchen Bewegung, damit die Gelenkknorpel optimal ernährt werden. Inaktivität kann daher zu Arthrose führen. Auch Herz, Kreislauf, Stoffwechsel und Lunge brauchen stete Forderung in geeignetem Maß, um ihre Funktion bestmöglich erfüllen und sozusagen »in Form bleiben« zu können.

Sind wir sehr leistungsfähig, fühlen wir uns fit. Das drückt sich dann in erhöhter Schnelligkeit, Beweglichkeit, Kraft und Ausdauer aus, vier Komponenten, aus denen sich unsere körperliche Leistungsfähigkeit zusammensetzt.

Schnelligkeit ist stark von angeborenen Qualitäten, Körperbau und Muskelsystem abhängig. Denken Sie zum Beispiel an den athletischen Körper eines Sprinters im Unterschied zu einem hageren Langstreckenläufer. Schnelligkeit spielt bei einem Fitnesstraining daher nur eine untergeordnete Rolle.

Beweglichkeit ist besonders in jungen Jahren sehr gut trainierbar. Später kann sie zwar auch noch verbessert werden, meist aber nur eingeschränkt. Wenn Sie beispielsweise 40 Jahre alt sind und Ihr Körper sich in einem schlechten Dehnungszustand befindet, sollten Sie nicht mehr erwarten, irgendwann einen Spagat machen zu können. Unabhängig von Ihrer Veranlagung können Sie Ihre Dehnbarkeit aber durch geeignetes regelmäßiges Training stark verbessern.

Kraft kann am leichtesten bis zum Alter von etwa 30 Jahren aufgebaut werden. Austrainierte Menschen können einem Kraftrückgang später nur durch konstantes Training entgegenwirken. Weniger bis untrainierte Menschen können allerdings im Laufe der Zeit ihre Muskelkraft enorm verbessern.

»Männer sind in der Regel stärker als Frauen. Der Upper Cut (Aufwärtshaken) einer trainierten Boxerin kann aber auch einen untrainierten, größeren Mann umwerfen.«

Ausdauer gehört zu den zentralen Komponenten eines Herz-Kreislauf-Trainings. Daher ist zu empfehlen, dass Sie zusätzlich zu den Trainingsprogrammen in diesem Buch eine Ausdauersportart ausüben wie Joggen, Radfahren, Schwimmen oder Walken. Für ein optimales Ausdauertraining ist der Gebrauch einer Pulsuhr empfehlenswert, die in Fachgeschäften erhältlich ist. Damit können Sie in dem für Ihre Ziele am besten geeigneten Geschwindigkeitsbereich trainieren. Der Trainingseffekt für das Herz-Kreislauf-System lässt sich daran erkennen, dass durch ein über längere Zeit hinweg regelmäßig durchgeführtes Ausdauertraining die Herzfrequenz in Ruhe und bei Belastung sinkt.

Ein Boxtraining ist sehr komplex: Etwa zehn Wochen vor einem Kampf beginne ich mit der gezielten Vorbereitung, bei der Kraft, Schnelligkeit und Kondition trainiert werden. Vormittags finden Ausdauer- und Konditionstraining statt, nachmittags Krafttraining und Sparringskämpfe. Der tägliche Waldlauf von fünf bis acht Kilometern Länge bringt mir die notwendige Grundkondition. Rückt der Kampftermin näher, steht das Schnellkraft- und Geschwindigkeitstraining im Vordergrund: Zwischensprints und Bergstrecken beim Laufen, mehr Wiederholungen mit leichteren Gewichten beim Training mit Fitnessgeräten, Schattenboxen mit Gewichten und Medizinballtraining. Kaum ein Training ist so vielseitig und wohl auch so hart wie das Training eines Boxprofis.

Trainingsunterschiede im Gesundheits-, Freizeit- und Leistungssport

Vom Gesundheits- zum Profisport – ein breites Spektrum

Die Spanne der Sporttreibenden reicht vom Profisportler, der die maximale Leistung seines Körpers erzielen will, bis zum Herz-Kreislauf-Patienten, der nach einem Herzinfarkt wieder den Alltagsanforderungen gewachsen sein möchte. Abhängig davon, ob Sie in erster Linie sportlich aktiv sind, um Krankheiten vorzubeugen, um richtig fit zu bleiben oder zu werden oder um Leistungssport zu betreiben, werden Sie *unterschiedlich lange, unterschiedlich häufig* und *unterschiedlich intensiv* trainieren.

Als Profiboxerin stellen sich für mich beispielsweise andere Prioritäten als für Freizeitsportlerinnen: Boxen ist mein Beruf und meine Berufung und das tägliche Leben ist danach ausgerichtet.

»Für mich als Profisportlerin ist es genauso wichtig wie für eine Freizeitsportlerin, mich im richtigen Maß zu fordern«

Für beide Extreme, den Profisportler und den Herz-Kreislauf-Patienten, sind genau abgestimmte, individuelle Trainingsstrategien notwendig, die gemeinsam mit einem Trainer oder Arzt festgelegt werden müssen. Auf die Besonderheiten eines derartigen Trainings kann daher im Rahmen meines Buches nicht eingegangen werden.

Die Mehrzahl der Sport treibenden Menschen liegt zwischen diesen beiden Polen und verfolgt ein gemeinsames Ziel: Durch Sport die Lebensqualität verbessern. Dazu müssen sie sich aber über eine bestimmte Reizschwelle hinaus belasten. Sonst bauen Sie weder Muskulatur auf, noch wird das Herz-Kreislauf-System trainiert und das Fitnesstraining zeigt nur wenig positive Wirkungen. Die Kunst ist es, sich im individuell richtigen Maß zu fordern.

Alltägliche Arbeiten im Haushalt und Garten verlangen nur etwa 20–30 Prozent unserer maximalen körperlichen Leistungsfähigkeit. Damit liegen wir unterhalb der wirksamen Reizschwelle. Professionell wird die Belastbarkeit bei einem Ausdauertraining in Prozent der maximalen Herzfrequenz gemessen, bei einem Krafttraining in Prozent der maximalen Muskelkraft. Ein Ausdauertraining sollte bei über 50 Prozent der maximalen Herzfrequenz und ein Muskeltraining bei über 30 Prozent der maximalen Kraft liegen.

Dass ich das Training und den Boxsport sehr ernst nehme und immer viel dafür getan habe, ist eine wichtige Basis für meinen Erfolg. Im Boxring zählt schließlich nur die absolute Leistung und man darf seine Gegnerin niemals unterschätzen.

Bei den Übungsserien meines Buchs sorgt die Ihrem Fitnesszustand angemessene Wiederholung einer Kräftigungsübung für den entsprechenden Muskelaufbau. Die Beweglichkeit wird ganz allmählich durch das regelmäßige sorgfältige Durchführen der Dehnungsübungen verbessert. Wenn Sie Ihre Gelenkigkeit steigern wollen, sollten Sie mindestens dreimal pro Woche Dehnungseinheiten durchführen.

Ihre Ausdauerfähigkeit können Sie dadurch beeinflussen, dass Sie die Übungsprogramme II und III zügig, nicht zu langsam durchführen und eventuell längere Zeit als angegeben auf der Stelle laufen oder seilspringen.

Ganz gemächlich geht es nur bei einem leichten Erholungs- und Gesundheitstraining zu, zum Beispiel bei der langsam durchgeführten Übungsserie I, mit wenig Wiederholungen der einzelnen Übungen.

Welcher Sporttyp sind Sie?

Ein häufiger Grund für das Scheitern eines Fitnessprogramms ist die falsche Einschätzung der eigenen Leistungsfähigkeit. Oft wird voller Begeisterung mit einem Übungsprogramm, mit einem Ausdauer- oder Krafttraining begonnen, dabei aber vergessen, dass jeder Körper mit anderen Voraussetzungen startet und bestimmte Bedürfnisse hat. Überprüfen Sie daher vor Aufnahme eines Trainings, wo Sie in Bezug auf Ihre Fitness stehen, und legen Sie Ihre persönlichen Trainingsziele fest. Steigern Sie Ihr Training so, dass Sie bald Erfolge haben. Die beste Möglichkeit, dies zu erreichen, ist, wenn Sie sich kontinuierlich fordern, im individuellen Tempo, ohne sich dabei zu überfordern.

Die Gelegenheitssportlerin: Bei einer Gelegenheitssportlerin steht der Ausgleich zum bewegungsarmen Alltag im Vordergrund. Das Training oder eine sportliche Aktivität wie Joggen, Tennis spielen oder eine Radtour wird unregelmäßig ausgeübt und auch nur dann, wenn das Bedürfnis danach vorhanden ist. Falls Sie zu dieser Gruppe gehören, machen Sie sich klar, dass nur ein regelmäßiges Training von mindestens zweimal pro Woche Sie auch dauerhaft in Ihrer Fitness fördern wird.

Die gesundheitsorientierte Freizeitsportlerin: Für Sie stehen die gesundheitlichen Auswirkungen des Trainings im Vordergrund: Stärkung des Herz-Kreislauf-Systems, Stressabbau, Kräftigung der Muskeln, Steigerung von Vitalität und allgemeiner Leistungsfähigkeit und – falls nötig – Gewichtsabnahme. Wenn Sie gesundheitsorientiert sind, werden Sie zwei- bis dreimal in der Woche gemäßigt trainieren, Übungsprogramme durchführen, joggen, Fahrrad fahren oder ins Fitnessstudio gehen. Zu empfehlen wäre, auch an den Tagen ohne Training ein kurzes, leichtes Übungsprogramm für Ihre Gesundheit durchzuführen.

Die leistungsorientierte Freizeitsportlerin: Wenn Sie zu diesem Trainingstyp gehören, werden Sie an einer deutlichen Leistungssteigerung interessiert sein. Abhängig von Ihren Vorlieben werden Sie Kondition, Beweglichkeit, Kraft und Ausdauer in unterschiedlichem Ausmaß trainieren. Um dies zu erreichen, sind zwischen drei bis fünf Trainingstage in der Woche erforderlich. Auch als leistungsorientierter Sportler sollten Sie an den trainingsfreien Tagen ein kurzes Dehnungsprogramm durchführen, außer Sie spüren, dass Sie sich am Vortag überfordert haben und Ihr Körper eine Pause benötigt.

Einige Besonderheiten gibt es für Frauen zu beachten, die entweder nach einer langen Pause wieder mit einem Training beginnen oder die in ihrem Leben noch nie richtig sportlich aktiv gewesen sind.

Die Wiedereinsteigerin: Die Hauptmotivation für den Trainingsbeginn bei Wiedereinsteigern sind meistens gesundheitliche und ästhetische Probleme. Falls Sie nach einer längeren Pause, nicht selten von vielen Jahren, wieder mit einer regelmäßigen sportlichen Aktivität beginnen, sollten Sie besonders darauf achten, Ihre anfängliche Leistungsfähigkeit nicht zu überschätzen. Schließlich wollen Sie Ihren früheren Fitnessgrad so schnell wie möglich wieder erreichen. Oft sind Sie dann aber auf dem besten Weg, enttäuscht über die mangelnden Fortschritte Ihr Training wieder aufzugeben. Steigern Sie die Trainingsintensität langsam, im Einklang mit Ihren momentanen körperlichen Fähigkeiten, die nicht mehr denen von früher entsprechen.

Die Neueinsteigerin hat bis jetzt in ihrem Leben noch nie regelmäßig Sport getrieben. Ihre Motivation für den Trainingsbeginn sind meist – ähnlich wie bei der Wiedereinsteigerin – gesundheitliche Probleme. Wer noch über wenig sportliche Erfahrung verfügt, sollte zwar ebenso regel-

mäßig trainieren wie die anderen Sporttypen, aber besonders darauf achten, dass er seinem Körper die Zeit lässt, die er für ein bestimmtes Trai-
ningslevel braucht, bevor er sich weiter fordert. Wenn sich jemand unsi-
cher darüber ist, was er sich zutrauen kann und was nicht, ist für ihn ein
ärztlicher Check-up besonders ratsam.

So legen Sie Ihre Trainingsziele richtig fest

Wollen Sie ganz allgemein Ihren Gesundheitszustand verbessern, sind Sie an Ausdauerfitness, Muskelaufbau, Problemzonentraining oder Fatburning interessiert? Wollen Sie ein ausgewogenes Ganzkörpertraining oder ein Herz-Kreislauf-Training absolvieren?

Mögliche Trainingsziele

➤ Übergewicht reduzieren oder Gewicht halten
➤ Verbesserung des Herz-Kreislauf-Systems
➤ Stabilisierung des Muskel- und Skelettsystems
➤ Straffung des Körpergewebes
➤ Stressabbau
➤ Verbesserung der Atmung
➤ Frischerer und schönerer Teint
➤ Verbesserung der allgemeinen Leistungsfähigkeit
➤ Zuwachs an Vitalität und Wohlbefinden

Zusätzlich können noch kurzfristige Teilziele für das Fitnesstraining eine Rolle spielen, wie zum Beispiel im Herbst vor der Skisaison die Kräftigung der Oberschenkelmuskulatur oder der Problemzonen wie Bauch- und Rückenmuskeln.

»Laufen ist ein fester Bestandteil jeden Boxtrainings. Jeder Boxer ist daher auch ein Läufer. Auch wenn ich's hasse.«

Ihren Zielen entsprechend können Sie ein geeignetes Programm aus diesem Buch einüben und es gemäß Ihren Bedürfnissen variieren. Koppeln Sie die Übungsserien auch mit anderen Sportarten.

Wollen Sie Ihre Ausdauer trainieren, joggen Sie, fahren Sie Fahrrad, walken oder schwimmen Sie zusätzlich.

Möchten Sie bestimmte Problemzonen bearbeiten, nutzen Sie bevorzugt diejenigen Fitnessübungen, die Ihnen dabei helfen.

Wenn Sie abnehmen wollen, sollten Sie Ihr Training mit zusätzlichen Ausdauersportarten kombinieren, da diese den besten Fatburningeffekt haben – wie zum Beispiel Auf-der-Stelle-Laufen oder Seilspringen.

Sich realistische Teilziele setzen

Wenn Sie ein gesundheitsorientiertes Training absolvieren, sollten Sie sich nach Ihren Fitnessübungen noch wohl fühlen und nicht zu erschöpft sein. Am günstigsten ist, wenn Sie sich nach Trainingsende noch leicht unterfordert fühlen. Wer sich zu viel zumutet, wird bald aufgeben. Das gilt sowohl für das Muskel- als auch für das Ausdauertraining.

Als Fitnessanfängerin oder Wiedereinsteigerin ist es völlig unrealistisch, innerhalb von zwei Wochen über eine Ausdauerfähigkeit von einer halben Stunde verfügen zu wollen oder über eine Beweglichkeit wie ein Schlangenmensch. Ebenso wenig werden in dieser Zeit Ihre Problemzonen ganz verschwunden und zehn überzählige Kilos dahingeschmolzen sein. Und schon gar nicht durch Sport allein. Bei entsprechender Ernährungsumstellung und regelmäßigem Fitnesstraining aber können Sie dieses Ziel durchaus in einem Jahr erreichen. Setzen Sie sich daher Teilziele. Zu hoch gesetzte Erwartungen führen meist nur in kurzer Zeit zum Trainingsabbruch. Versuchen Sie in einem Monat ein Kilo abzunehmen oder eine Ausdauerfähigkeit von 15 Minuten zu erlangen. Diese Ziele können Sie erreichen, vielleicht sogar übertreffen und das wird Sie motivieren, weiterzumachen. Verlieren Sie dabei aber Ihr langfristiges Ziel, zum Beispiel eine umfassende körperliche Fitness, nicht aus den Augen.

Wenn man ein großes Ziel in Teilziele zergliedert, werden auch aus einem hohen Berg kleinere Hügel, die man leichter bewältigen kann. Freuen Sie sich, wenn Sie auf dem Weg zu Ihrer Wohnung im vierten Stock feststellen, dass Sie nicht mehr so stark außer Puste kommen, wenn Sie zwei Kilogramm abgenommen haben und Ihr Körper beginnt, sich zu straffen, oder wenn Ihnen zwanzig Wiederholungen einer bestimmten Kräftigungsübung gelingen und Sie spüren, wie Fitness, Kondition und Beweglichkeit und nicht zuletzt das allgemeine Wohlbefinden allmählich zunehmen.

Erfolgserlebnisse fördern die Motivation und helfen dabei, diszipliniert am Ball zu bleiben. Man bekommt Selbstvertrauen und verliert die Angst, den großen Hügel, das langfristige Ziel, nicht zu erreichen.

Auch als ambitionierte Freizeitsportlerin sollten Sie auf das langsame Fortschreiten mehr Wert legen als auf kurzfristige Erfolge.

»Als Boxerin muss ich immer darauf achten, in Form zu bleiben, ständig am Ball sein. Das ist eines der Erfolgsgeheimnisse.«

Richtig trainieren – die Basics

Trainingshäufigkeit

Grundsätzlich ist es aus physiologischen Gründen besser, mehrmals in der Woche als zum Beispiel nur ein- bis zweimal wöchentlich zu trainieren. Ansonsten wird unser Körper möglicherweise ein- bis zweimal extrem gefordert und muss bildlich gesehen von 0 auf 100 in kurzer Zeit beschleunigen. Trainieren wir öfter, bleibt ein gewisser Grundtonus erhalten und Herz- und Kreislaufsystem werden besser mit der größeren Belastung fertig. Die Beschleunigung findet nunmehr von 30 oder 40 auf 100 statt. Wir haben mehr vom Training, halten unsere Ziele leichter ein und brauchen auch bei anspruchsvollem Trainingsprogramm keine Verschleißerscheinungen zu befürchten.

> »Wenn ich weiß, dass ich im Training mein Bestes gegeben und den festen Willen habe, zu gewinnen, ist der Sieg in greifbarer Nähe.«

Ohne einen Pausentag sollten allerdings nur sehr leistungsbewusste Freizeitsportler trainieren, die Erfahrung im Umgang mit ihrem Körper haben, aber nicht Gesundheitssportler. Wer öfter als drei- bis viermal ein anspruchsvolles Fitnessprogramm absolviert oder sich durch Ausdauersport fordert, belastet seine Bänder, Sehnen und Gelenkknorpel. Das betrifft besonders Neueinsteiger, die ihren Körper erst allmählich an die zunehmende Belastung gewöhnen müssen.

Nutzen Sie in diesem Fall das Übungsprogramm I und verschiedene andere leichtere Gesundheitsübungen aus den Serien II und III. Mit ihrer Hilfe können Sie auch an Pausentagen Ihren Dehnungszustand verbessern und etwas für Ihre Gesundheit tun.

Trainingsintensität

Wenn Sie ein Fitnesstraining beginnen, gibt es prinzipiell zwei Grundregeln: Je intensiver die Belastung ist, desto kürzer sollte sie sein; je länger eine Belastung ist, desto schonender sollte sie sein.

Als Anfängerin lautet in den ersten Monaten die Devise: Es ist besser, sich zu unterfordern als zu überfordern. Für eine Neueinsteigerin kann schon eine dreißigminütige konstante Belastung zu viel sein. Für eine fitte Freizeitsportlerin dagegen könnte ein drei- bis fünfmaliges wöchentliches Training das richtige Maß bedeuten. Das betrifft allerdings nicht das erste Übungsprogramm, das alle Sporttypen ohne Probleme öfter ausführen können.

Sorgen Sie für Abwechslung beim Training. Haben Sie zum Beispiel zwei Tage hintereinander stark die Bauchmuskeln trainiert, lassen Sie am dritten Tag die entsprechende Übung aus. Anstatt ein Programm durchzuführen, können Sie auch einmal nur dehnen und anschließend joggen, walken oder Fahrrad fahren.

Berücksichtigen Sie günstige Trainingszeiten. Die Leistungskurve unseres Körpers unterliegt natürlichen Schwankungen. Am besten trainiert man zwischen 7 und 10 Uhr morgens und von 16 bis 20 Uhr nachmittags und abends. Eine Belastung ist für Ihren Körper zu diesen Zeiten physiologisch gesehen verträglicher.

Machen Sie sich auch bewusst: Im Gesundheits- und Freizeitsport geht es darum, im individuell passenden Maß Sport zu treiben, und nicht darum, der Beste zu sein. *Sich zu fordern, ohne sich zu überfordern,* sollte unser Leitsatz sein. Schließlich soll uns ein Fitnesstraining lebenslang begleiten.

»Ich habe gelernt, das Training ganz allmählich zu steigern. Wer sich zu schnell verausgabt, strapaziert Muskeln, Gelenke und Kreislauf und hält oft nicht lange durch.«

Häufige Trainingsfehler

Ein Fitnesstraining sollte sich zu einer guten Gewohnheit entwickeln, die Spaß macht und Freude bringt. Dabei ist es hilfreich, sich an feste Trainingszeiten zu halten. Vergessen Sie aber nicht, diese Verabredung mit sich selbst genauso ernsthaft einzuhalten wie eine wichtige Besprechung im Büro oder private Termine. Tragen Sie die Uhrzeit ruhig in Ihren Terminkalender ein. Sie können sich auch angewöhnen, jeden Abend 20 Minuten lang zu trainieren oder, wenn dies für Sie günstiger ist, zweimal 60 Minuten wochentags und ein bis zwei weitere Male am Wochenende. Richten Sie das Training nach Ihren Bedürfnissen und Zielen ein.

Achten Sie darauf, sich nicht zu sehr abzumühen. Es ist nicht wahr, dass ein Fitnesstraining nur dann Erfolge bringt, wenn es schmerzhaft ist und Sie bis zur Erschöpfung trainieren. Im Gegenteil – Sie werden dann meistens schnell die Lust daran verlieren. Besonders Anfänger und untrainierte Menschen machen oft den Fehler, dass sie sich anfangs zu viel vornehmen.

Arbeiten Sie mit Ihrem Körper und nicht gegen ihn! Jeder Mensch hat andere Voraussetzungen, abhängig vom jeweiligen Alter, Körperbau und Fitnessgrad. Allerdings sollten Sie auch nicht den gegenteiligen Fehler machen und sich überhaupt nicht mehr fordern. Gehen Sie ruhig auch einmal bis an Ihre Leistungsgrenze und seien Sie stolz auf Ihre Fortschritte.

Entwickeln Sie weibliche Kraft. Gerade Frauen führen ein tägliches Workout häufiger mit Freude durch als Männer, die dafür oft zu leistungsorientiert sind.

> *»Oft habe ich beobachtet, dass Frauen beim Boxtraining eher bereit sind, bis an ihre Grenzen zu gehen, und mehr Einsatzbereitschaft zeigen als Männer.«*

Falls Sie zu den Menschen gehören, die richtig fit werden wollen, geht dies natürlich nicht ohne Schweiß. Dann werden Sie aber sicher bald in den Genuss kommen, zu spüren, wie Kondition, allgemeine Fitness und Ihr Gesundheitszustand sich verbessern.

Ein Fitnesstraining, das man zu Hause durchführen kann, hat einige Vorteile: Sie sind nicht abhängig von Wetter, Jahres- und Tageszeit und können das Training nach Ihren individuellen zeitlichen Bedürfnissen einteilen. Das birgt allerdings auch die Gefahr, dass Sie ein Training leichter verschieben, weil Sie etwas anderes für wichtiger halten. Häuft sich dies, kann es den Anfang vom Ende Ihres regelmäßigen Trainings bedeuten.

Schließen Sie Freundschaft mit Ihrem Körper und betrachten Sie ihn wegen möglicher Unzulänglichkeiten nicht als Feind. Das wird es Ihnen erleichtern, Fettpölsterchen und Problemzonen durch geeignete Ernährung und entsprechendes Training abzubauen. Lassen Sie sich auch nicht von irgendeinem Idealbild tyrannisieren. Arbeiten Sie kontinuierlich und bringen Sie sich nicht in Stress. Dann sind Sie auf dem besten Weg, sich immer wohler zu fühlen und fitter zu werden.

Richtig Abnehmen durch Sport

So bekommen Sie eine gute Figur mit dem geeigneten Fitnesstraining

Sollten Sie sich von einem Fitnessprogramm eine Verbesserung Ihrer Figur wünschen, muss eines deutlich gesagt werden: Abnehmen durch das Training, ohne dabei gleichzeitig auf eine ausgewogene, gesunde Ernährung zu achten, funktioniert nicht, selbst wenn Sie durch ein regelmäßig durchgeführtes Fitnesstraining folgende Ziele erreichen:

➤ Die Muskulatur wird gedehnt und gestrafft, was zu einer verbesserten Körperhaltung führt, und diese ist wesentlicher Bestandteil einer guten Figur.
➤ Problemzonen an Bauch, Hüfte, Gesäß und Oberschenkeln werden durch geeignetes Training abgebaut.

Die folgende Tabelle zeigt, wie viel Energie eine etwa 70 kg schwere Frau bei bestimmten Sportarten verbraucht.

Trainingszeit und Geschwindigkeit sind jeweils so gewählt, dass immer genug Sauerstoff für die Energiebereitstellung in den Muskelzellen vorhanden ist.

Sportart	Energieverbrauch in 30 Minuten	Fettgewebeabbau in Gramm
Gehen (Tempo 4,5 km/Std.)	100 kcal	14
Wandern (Tempo 6 km/Std.)	130 kcal	19
Joggen (Tempo 9 km/Std.)	330 kcal	48
Joggen (Tempo 15 km/Std.)	355 kcal	51
Radfahren (Tempo 9 km/Std.)	125 kcal	18
Radfahren (Tempo 15 km/Std.)	190 kcal	27
Gymnastik (Lockerungs- und Dehnungsübungen)	105 kcal	15
Schwimmen (20 Meter/Minute)	155 kcal	22
Skilanglauf (Tempo 9 km/Std.)	315 kcal	45

Wer stetig trainiert oder mit Blick auf seine Pulsuhr joggt, fühlt sich danach wohler und wird schneller schlank als jemand, der sich mehr anstrengt. Das geben auch die zwei Beispiele für Joggen in der obigen Tabelle wieder. Obwohl beim Laufen mit 18 km / Std. das Tempo wesentlich größer ist als beim Joggen mit 9 km / Std., bleibt der Fettgewebeabbau nahezu gleich.

Für richtiges Fatburning ist Ausdauersport am geeignetsten, denn Krafttraining, Kurzstreckenlauf, Squash, auch die meisten Kampfsportarten belasten den Körper in kurzer Zeit sehr intensiv. Da hierbei der Sauerstoff nicht rechtzeitig in den Muskelzellen zur Verfügung steht und bei der Verbrennung der Energie helfen kann, bleiben Stoffwechselschlacken zurück wie Milchsäure und Eiweißabbauprodukte. Zudem holt sich unser Körper die Energie schnell wieder zurück, da wir nach dem Training großen Hunger bekommen. Beim aeroben Ausdauertraining dagegen wird Fettgewebe abgebaut und wie Abfall weggespült.

»Joggen Sie doch einmal mit zwei Fünf-Kilo-Hanteln oder tragen Sie längere Zeit zwei Einkaufstüten mit je fünf 1-Liter-Flaschen. Das muss Ihr Körper jeden Tag zusätzlich kompensieren, wenn Sie zehn Kilogramm Übergewicht haben.«

Wenn Sie durch Ihre sportlichen Aktivitäten abnehmen wollen, sollten Sie sich eine Pulsuhr kaufen. Sie misst während des Trainings die Herzfrequenz und gibt ein Signal, sobald der optimale Trainingsbereich verlassen wird. Auf diese Weise können Sie sicher sein, im aeroben Bereich zu trainieren, sodass möglichst viel Fett verbrannt wird und keine Schlackenstoffe entstehen.

Für ein möglichst effektives Fatburning sollten Sie zusätzlich oder abwechselnd zu den Trainingsprogrammen mindestens zweimal in der Woche Ihre Ausdauer beim Walken, Joggen, Schwimmen oder Radfahren trainieren und dafür eine Pulsuhr nutzen. Die besten Effekte hat man bei etwa 30–40 Minuten Ausdauertraining.

Sie wissen nicht genau, was Walken ist? Man versteht darunter ein schnelles Ausschreiten, bei dem man die Arme mit beteiligt, indem man sie im Einklang mit der Bewegung etwas nach vorne und hinten bewegt. Das Tempo sollte etwa fünf Kilometer pro Stunde betragen. Walken ist die schonendste Art des Ausdauertrainings.

Einfache Richtlinien zum Fatburning

Menschen, die wenig trainieren oder über 50 Jahre alt sind, können folgende Faustregel benutzen: Trainingspuls = 180 minus Lebensalter.

Bei Freizeitsportlern sollte die Pulsfrequenz bei etwa 130 Schlägen pro Minute liegen.

Eine ungefähre Richtlinie gibt auch unsere Atmung wieder: Können wir während des Trainings durch die Nase ein- und ausatmen und uns zwischendurch sogar ein wenig unterhalten, halten sich Sauerstoffaufnahme und Sauerstoffverbrauch höchstwahrscheinlich die Waage. Fangen wir an zu hecheln, ist die Trainingsintensität für professionelles Fatburning zu hoch.

Welchem Körperbautyp entsprechen Sie?

»Einem bestimmten Schönheitsideal nachzulaufen, halte ich für unsinnig. Finden Sie Ihr persönliches Wohlfühlgewicht heraus. Übertriebene Diäten und sportliche Überforderung können Ihrer Gesundheit sogar schaden.«

Selbstverständlich ist es schön, schlank und kräftig zu sein, einen straffen Bauch und Po zu haben. Trotzdem sollten Sie nicht dem Idealbild der sportlich aktiven und komplett schlanken Menschen nacheifern. Nicht jeder Mensch hat dafür von seiner Natur her die geeignete Statur. Grundsätzlich gibt es drei verschiedene Körperbautypen:

➤ Da sind zunächst die schlanken Menschen, die oft keinerlei Probleme mit dem Essen haben, da sie ohnehin nicht zunehmen. Häufig sind diese Menschen hoch gewachsen, extrem dünn und schlaksig. Meist haben sie Mühe, Muskulatur zu entwickeln. Ausdauersportler gehören oft in diese Kategorie.

➤ Dann gibt es die starken, kräftig gebauten Typen mit einer guten Anlage zur Muskelentwicklung. Athletische Kraftsportler stellen die austrainierte Erscheinungsform dieses Typus dar. Trainieren diese Menschen allerdings nicht regelmäßig, wird ihr Körper schlaff werden.

➤ Die dritte Gruppe sind Menschen, die besonders auf ihre Ernährung achten und Sport treiben müssen, wenn sie nicht übergewichtig werden wollen. Sie sind stabil gebaut, manchmal beleibt und gut mit Muskeln ausgestattet.

Will sich nun ein von Natur aus kräftig oder stabil gebauter Typ in ein extremes Schlankheitsideal verwandeln und hungert sich Kilo um Kilo herunter, kann er sogar seiner Gesundheit schaden. Das bedeutet natürlich nicht, dass der- oder diejenige automatisch dick werden und bleiben muss. Im Einklang mit seinem natürlichen Körperbau schlank zu sein, kann jeder erreichen und ist mit gutem Willen, Konstanz und Beständigkeit auch zu schaffen. Jedes geeignete Training hilft, die Muskeln zu kräftigen, die Haltung zu verbessern und Fett abzubauen.

Wann ist ein Gesundheits-Check-up sinnvoll

Bevor Sie ein Fitnesstraining aufnehmen, sollten Sie Ihren Gesundheitszustand überprüfen. Ein ärztlicher Check-up beim Sportarzt oder Internisten ist sinnvoll, wenn Sie

➤ ganz allgemein gesundheitliche Probleme haben,
➤ an einer chronischen Krankheit leiden (etwa Herz-Kreislauf-Erkrankungen, Diabetes, Immundefekte, Rheuma),
➤ regelmäßig Medikamente einnehmen,
➤ schwanger sind,
➤ einen Unfall hatten (auch Sportunfälle zählen),
➤ im letzten halben Jahr keinen Sport gemacht haben und über 35 Jahre alt sind,
➤ überwiegend einer sitzenden Arbeit nachgehen, wenig sportlichen Ausgleich haben und über 30 Jahre alt sind,
➤ sich grundsätzlich nicht sicher sind, wie weit Sie bei dem Training in diesem Buch gehen können und sollen.

Bei einem Check-up wird besonders der Zustand des Herz-Kreislauf-Systems begutachtet, seine Belastbarkeit, die Herzfrequenz und der Blutdruck, außerdem das Blutbild, die Lungenfunktion, der Stoffwechsel und der Bewegungsapparat mit seinen Knochen, Gelenken, Sehnen, Bändern und Muskeln.

Der Vorteil einer derartigen Untersuchung ist, dass Sie erfahren, wo Ihre Belastungsgrenzen liegen und ob Sie bei einem Training etwaigen orthopädischen Einschränkungen unterworfen sind. Sie wissen dann, was Sie sich zumuten dürfen, wodurch bisher eventuell vorhandene Unsicherheiten verschwinden, was Sie wiederum entsprechend motivieren kann. Das Training wird zielgenauer und effektiver und Sie sind besser in der Lage, Fehler zu vermeiden.

Vielen Menschen wird ein Arzt ohnehin dazu raten, ein regelmäßiges Fitness- und Bewegungstraining aufzunehmen, um ihren Gesundheitszustand zu verbessern. Die Wattleistungen am Fahrradergometer lassen oft sehr zu wünschen übrig – ganz zu schweigen von möglicherweise erhöhten Blutdruck- oder Cholesterinwerten und Übergewicht. Wenn Sie zu diesen Personengruppen gehören, ist ein regelmäßiges, auf Sie zugeschnittenes Training nicht nur sinnvoll, sondern auch notwendig.

»Mein Sport hat mir viel gegeben: Selbstbewusstsein, eine Stärkung der Persönlichkeit, Anerkennung und Erfolgserlebnisse.«

II

Übungsprogramme für verschiedene Fitnessniveaus

Einführung und Anleitung

Studieren und berücksichtigen Sie sorgfältig die allgemeinen Hinweise dieses Kapitels zur Durchführung der Übungsprogramme. Das garantiert Ihnen den größtmöglichen Effekt für Fitness und Gesundheit. Wählen Sie zunächst das Übungsprogramm aus, das zu Ihnen passt, und entscheiden Sie, wie oft und wann Sie trainieren wollen.

Unterschiede der Übungsprogramme, Umfang und Häufigkeit eines Trainings

Welches Programm passt zu mir?

Alle drei Übungsprogramme in diesem Buch sind so ausgelegt, dass Sie damit sämtliche Muskelgruppen Ihres Körpers dehnen und kräftigen können. Suchen Sie sich das Programm aus, das Ihrer momentanen Fitness und Ihren Trainingszielen entspricht. Stehen gesundheitliche Aspekte im Vordergrund oder sind Sie wenig sportlich aktiv gewesen, beginnen Sie mit der ersten Übungsserie. Schon bald werden Sie in dieses Programm auch fortgeschrittenere Übungen aus den anderen Serien integrieren können. Achten Sie darauf, was Ihnen gut tut. Zur Förderung der Beweglichkeit, zur Kräftigung und zum Aufbau einer grundlegenden Fitness dient das Programm der zweiten Übungsserie. Für Fortgeschrittene ist das dritte Übungsprogramm geeignet. Dort werden auch anspruchsvolle Fitnessfans Übungen finden, die sie fordern. Die Intensität aller Programme können Sie leicht steigern, indem Sie die einzelnen Übungen öfter wiederholen.

Trainingsumfang und Trainingshäufigkeit

Ein regelmäßiges Training ist die Grundlage dafür, dass Sie Ihre Ziele auch erreichen, unabhängig davon, ob es sich um die Erhaltung Ihrer Gesundheit und Vitalität oder die Stärkung Ihrer körperlichen Fitness oder um beides gleichzeitig handelt. Als Minimum sollten Sie zwei- bis dreimal in der Woche trainieren. Sonst haben die Übungen keinen dauerhaften Effekt. Besser ist es natürlich, fünfmal in der Woche zu trainieren, mit zwei Tagen Unterbrechung, in denen sich der Körper regenerieren kann. Zum Beispiel drei Tage Training, ein Tag Pause, zwei Tage Training und wieder ein Tag Pause. Übungen für die Gesundheit und Dehnungsübungen können Sie auch an den freien Tagen oder zusätzlich an einem Trainingstag durchführen, je nachdem morgens oder abends. Zu empfehlen wäre, an den freien Tagen ein Kurzprogramm für die Gesundheit und Dehnbarkeit zusammenzustellen. Dies wird vor allem für anspruchsvolle Freizeitsportler mit einer bereits vorhandenen Basisfitness infrage kommen.

Wechseln Sie auch ab und gehen Sie an manchen Tagen einer Sportart nach wie zum Beispiel Joggen, Walken, Schwimmen oder Ihrem Lieblingssport. Führen Sie an diesen Tagen nur ein leichtes zusätzliches Trainingsprogramm aus.

Ein regelmäßiges, gut dosiertes Training ist effektiver als zweimal in der Woche »durchzupowern«. Beweglichkeit, Fitness und Kondition bauen sich allmählich auf und am schnellsten in der individuell richtigen Dosierung. Beachten Sie deshalb vor allem den Trainingsumfang und die Trainingsintensität. Zu Beginn zahlreiche anspruchsvolle Übungen zu wählen und diese dann auch noch möglichst bis zur Erschöpfung zu trainieren, kann Ihnen Ihr Fitnessprogramm schnell verleiden. Steigern Sie daher die Trainingsintensität ganz allmählich. Täglich zwanzig bis dreißig Minuten zu trainieren ist besser als zweimal in der Woche ein bis zwei Stunden.

Steigern Sie die Trainingsfrequenz in Ihrem eigenen individuellen Tempo. Genießen Sie es, wenn Sie spüren, wie sich Ihr Fitness- und Dehnungszustand verbessern und Vitalität und Lebensfreude zunehmen. Training soll Spaß machen und nicht Schmerz bereiten. Sich ab und zu einmal richtig zu fordern gehört allerdings ebenso dazu. Das Geheimnis besteht darin, sich stets zu fordern, ohne sich zu überfordern. Wenden Sie daher auch keine Gewalt an und gehen Sie nie über die Schmerzgrenze hinaus.

Und noch ein Rat: Trainieren Sie ohne Eile und Hektik. Verfolgen Sie Ihre Ziele, aber geraten Sie dabei nicht in Stress.

Kleidung, Umgebung und mögliche Trainingsutensilien

Trainingskleidung und Trainingsschuhe

Geeignete Kleidung: Die richtige Trainingskleidung sollte bequem sitzen, leicht dehnbar und atmungsaktiv sein. Im Allgemeinen werden heute funktionale Materialien aus Kunstfasern bevorzugt, die leicht sind, eng am Körper anliegen und die Feuchtigkeit nicht speichern, sondern nach außen an die Luft abgeben. Diese Stoffe wurden extra für sportliche Aktivitäten entwickelt. Die Haut bleibt trocken und kühlt nicht aus. Die flachen Nähte solcher Materialien verhindern überdies ein Scheuern auf der Haut. Wenn Sie jedoch Kunstfasern schlecht vertragen, dann sollten Sie Baumwolle vorziehen. Baumwolle saugt ein Vielfaches ihres Gewichtes an Schweiß auf, zum anderen lässt sie unsere Haut atmen und ist leicht zu reinigen. Der Nachteil ist, dass Baumwolle nur sehr langsam trocknet, sodass Verdunstungskälte entsteht, die den Körper auskühlen kann. In diesem Fall ist es am besten, rasch T-Shirt und Trainingshose zu wechseln. Trainingskleidung sollte, genauso wie jede andere Kleidung, die direkten Kontakt mit dem Körper hat, vor dem ersten Gebrauch einmal gewaschen werden, um allergischen Reaktionen auf Imprägniermittel vorzubeugen.

Geeignete Schuhe: Die in diesem Buch zusammengestellten Übungsprogramme können Sie barfuß oder mit Sportschuhen ausführen. Wollen Sie barfuß trainieren, sollte der Boden allerdings warm und nicht zu hart sein. Sportschuhe müssen Füßen und Gelenken einen guten Halt bieten und Dämpfungseigenschaften haben. Da Sie vermutlich zu Hause trainieren, sind die wichtigsten Kriterien für die Schuhe: Stabilität, Bequemlichkeit und Rutschfestigkeit.

Die Trainingsumgebung

Suchen Sie sich für Ihr Training eine Umgebung aus, die Ihnen gefällt und in der Sie sich wohl fühlen. Wer will nicht lieber in einem hellen, lichtdurchfluteten Raum trainieren als in einem dunklen Keller? Wenn möglich, sollten Sie bei geöffnetem Fenster üben, sodass Sie optimal mit Sauerstoff versorgt werden. Achten Sie allerdings im Winter darauf, dass die Atemluft nicht zu kalt ist; das schwächt die Lungen. Ist es warm genug, können Sie Ihre Übungsmatte auch auf die Terrasse legen oder im Garten trainieren.

Lassen Sie möglichst keine Ablenkung zu und konzentrieren Sie sich ganz auf Ihr Übungsprogramm. Schalten Sie Ihren Anrufbeantworter ein oder gehen Sie einfach nicht ans Telefon. Wenn Sie dies motiviert, legen Sie Ihre Lieblingsmusik auf, besonders bei den Konditions- und Ausdauerübungen. Gesundheitlich-meditative Übungen sollten ohne äußere Ablenkung durchgeführt werden.

Mögliche Trainingsutensilien

Für die aufgeführten Fitnessprogramme brauchen Sie keine Geräte. Legen Sie sich eine Trainingsmatte oder eine Wolldecke als Unterlage für die Bodenübungen bereit. Falls Sie gelegentlich unter Rückenbeschwerden leiden, sind auch zwei festere Kissen oder zusammengerollte Decken sinnvoll, die Sie bei den entsprechenden Übungen unter die Kniekehlen und in den Nacken legen können. Natürlich können Sie genauso gut eine Nackenrolle verwenden, wie Sie sie im Fachhandel erhalten. Die einzige kleinere Anschaffung für wenige Euro ist ein Springseil, ein ebenso einfaches wie effektives Gerät, um Ausdauer und Kondition zu trainieren.

Die Trainingsphasen

Jedes Training gliedert sich in drei Teile: die Aufwärmphase oder das *Warm-up*, die Übungsphase, in der man die entsprechenden Übungen oder eine Sportart ausführt, und die Abkühlungsphase, das so genannte *Cool-down*.

Hinweis: Trainieren Sie erst etwa drei Stunden nach dem Essen. Lassen Sie Ihrem Körper auch nach dem Training noch etwas Zeit, ganz zur Ruhe zu kommen, bevor Sie essen.

Das Warm-up

Die Aufwärmphase dient dazu, uns geistig und körperlich auf das Training vorzubereiten. Oft wird dabei der mentalen Einstimmung zu wenig Aufmerksamkeit geschenkt. Sie kann uns aber helfen, Stress und Probleme des Alltags hinter uns zu lassen, sodass wir entspannt und harmonisiert mit dem Training beginnen können. Auf diese Weise können wir den Nutzeffekt der Übungen für uns erhöhen. Um die mentale Einstimmung zu erleichtern, ist jeweils zu Beginn einer Übungsserie eine Entspannungsübung vorangestellt, mit deren Hilfe wir Körper, Geist und Atmung in Einklang bringen können.

»Wer auf seinen Körper achtet, wärmt sich vor dem Training auf. Für mich als Leistungssportlerin ist das unverzichtbar. Ich kann mir keine Verletzungen erlauben.«

Genauso wichtig ist es, dass wir unseren Körper vor dem Training aufwärmen, ganz unabhängig davon, ob wir nun ein anspruchsvolles Übungsprogramm, ein einfaches Gymnastikprogramm, das »nur« unsere Gesundheit fördert, oder eine Sportart betreiben wollen. Herz und Kreislauf, Atmung, Muskeln, Gelenke und das Nervensystem werden beim Warm-up auf die nachfolgende Anstrengung vorbereitet, die über unserem normalen täglichen Belastungsniveau liegt. Durch eine allmähliche Anregung von Stoffwechsel und Durchblutung wird genug Energie bereitgestellt und unser Körper auf eine bestimmte Betriebstemperatur gebracht. Auch einen Automotor müssen Sie erst warm laufen lassen, bevor Sie ihm volle Leistung abverlangen können. Nimmt die Muskeltemperatur zu, funktionieren auch Anspannung und Entspannung besser, ebenso wie die Reizübertragung vom Nervensystem auf die Muskulatur. Auch können die Gelenkknorpel dann ihre Aufgaben zur Reibungsminderung und Dämpfung von Stoßbelastungen auf den Bewegungsapparat am besten erfüllen. Für ein einfaches Bewegungsprogramm sollten Sie sich etwa fünf Minuten lang aufwärmen, etwa durch gemütliches Laufen auf der Stelle. Laufen Sie nur so schnell, dass Sie sich noch gleichzeitig unterhalten könnten, ohne in irgendeiner Form außer Puste zu kommen. Das ist ein individuelles Maß dafür, dass Sie sich wirklich nur aufwärmen und den Kreislauf noch nicht zu sehr beanspruchen. Für das Warm-up können Sie aber auch einige Minuten an der frischen Luft Rad fahren, walken oder im bequemen Tempo joggen. Im Anschluss an das Laufen sollten Sie Ihre Muskeln einige Minuten lang dehnen und die Gelenke aufwärmen. Diese Übungen sind an den Anfang der jeweiligen Programme gestellt.

Die Muskeln vor dem Übungsprogramm zu entspannen ist ebenfalls wichtig, damit wir richtig atmen können. Sind Nacken und Schultern angespannt, kann auch die Atemluft nicht ungehindert tief ein- und ausströmen.

Vor dem anspruchsvollen dritten Übungsprogramm sollte die Aufwärmphase etwa zehn Minuten betragen. Die im Anschluss daran notwendigen Dehnungsübungen sind ebenfalls wieder in das Programm integriert. Im Unterschied zu den Dehnungsübungen bei verschiedenen Sportarten, bei denen vor allem die Muskelgruppen gedehnt werden, die für die nachfolgende Sportausübung wichtig sind, werden innerhalb aller Übungsprogramme in diesem Buch sämtliche Muskeln und Sehnen unseres Körpers gedehnt, was der Gesundheit des ganzen Körpers dient. Die Dehnungsübungen können Sie selbstverständlich auch als Block vor einer beliebigen sportlichen Aktivität nutzen.

Und noch eines: Sparen Sie nicht Zeit, indem Sie auf das Warm-up verzichten. Ein optimales Aufwärmen schützt Sie vor Zerrungen und anderen Verletzungen des Bewegungsapparates und vor Überbeanspruchungen von Herz und Kreislauf.

Die Übungsphase

Achten Sie bei der Durchführung der Übungsprogramme auf die richtige Körperhaltung und Technik. Lesen Sie dazu die Beschreibungen sorgfältig durch und vergleichen Sie Ihre Körperhaltung mit der auf den Fotos. Häufig kommt es zu einer Zerrung, weil man eine Übung schlampig, ohne Beachtung der richtigen Technik und Anleitung ausgeführt hat.

Dehnungsübungen sollten grundsätzlich langsam und gleichmäßig absolviert werden, ohne nachfedern oder nachwippen. Atmen Sie mit der beginnenden Dehnung aus. Verbleiben Sie einige Sekunden in einer leichten Dehnungsspannung und versuchen Sie dabei zu entspannen. Normalerweise sollte das Spannungsgefühl mit der Dehnungszeit nachlassen. Wird die Spannung zu groß, lassen Sie etwas nach und versuchen wiederum einige Sekunden lang in der Dehnung zu bleiben und zu entspannen. Führen Sie die Dehnung das zweite Mal intensiver durch, nach dem gleichen Prinzip wie zuvor. Beachten Sie den Atemrhythmus bei den verschiedenen Dehnungsübungen. Auf diese Weise dehnen Sie besonders effektiv und beugen gleichzeitig Zerrungen vor.

Bei Muskelkräftigungsübungen spannen Sie jeweils für einige Sekunden lang die Muskeln an, dann entspannen Sie sie wieder. Wie schnell Sie Ihre Muskeln kräftigen, richtet sich danach, wie oft Sie die einzelnen Übungen wiederholen. Je nach Basisfitness sollten Sie sie mindestens drei- bis siebenmal durchführen. Steigern Sie die Wiederholungsfrequenz, wenn Ihnen die Übung bereits leicht fällt.

Auch bei den Kräftigungsübungen sollten Sie auf eine gleichmäßige und ruhige Atmung achten und nicht pressen oder die Luft anhalten (s. a. S. 45).

Haben Sie sich im Warm-up und dem nachfolgenden Aufwärmprogramm gut vorbereitet, sollten Sie sich mit dafür geeigneten Übungen auch öfter bis an Ihre Leistungsgrenze gehen. Dies gilt besonders für das dritte Übungsprogramm. Wer richtig fit werden will, darf vor ein wenig Schweiß nicht zurückschrecken. Wenden Sie aber keine Gewalt an und beachten Sie mögliche Schmerzgrenzen. Schmerz ist immer ein Warnsignal unseres Körpers und sollte zum Abbruch der entsprechenden Übung führen. Bei akuten oder chronischen Beschwerden ist es notwendig, dass Sie sich vor Aufnahme eines Trainingsprogramms von einem Facharzt untersuchen und beraten lassen. Liegt die Ursache für die Schmerzen jedoch darin, dass Sie zu forciert trainiert – zum Beispiel zu intensiv gedehnt haben –, verringern Sie die Trainingsintensität. Bei vielen Übungen sind auch einfachere Varianten als mögliche Alternative genannt. Und vergessen Sie nicht: Üben Sie täglich. Erst die Regelmäßigkeit hilft, Ihre Fitness dauerhaft zu verbessern.

Das Cool-down

Das Cool-down sorgt für eine Beruhigung des auf sportliche Leistung eingestellten Stoffwechsels. Man fährt dafür zum Trainingsausklang langsam und stufenweise die Belastung herunter. Auf diese Weise wird das Herz-Kreislauf-System nicht unnötig durch einen plötzlichen Trainingsabbruch strapaziert. Muskeln, Herz und Atmung beruhigen sich nach einer Belastung immer langsam und niemals abrupt. Sukzessives Abwärmen trägt auch zu einem beschleunigten Abbau unerwünschter Stoffwechselschlacken wie zum Beispiel Milchsäure bei, die für den späteren Muskelkater verantwortlich ist. Durch ein entsprechendes Abwärmen kommt es zu einer schnelleren Regeneration der Gewebe nach der Belastung, wodurch Muskelverhärtungen vorgebeugt wird.

»Je härter mein Training ist, desto mehr Zeit nehme ich mir für das Cool-down, um körperlich und geistig wieder zu entspannen.«

Traben Sie mindestens fünf Minuten lang weich auf der Stelle oder machen Sie Gymnastik- und Dehnungsübungen. Bei dem fortgeschrittenen Übungsprogramm oder anspruchsvolleren sportlichen Aktivitäten sollte das Abwärmen zehn bis fünfzehn Minuten betragen. Achten Sie darauf, Gymnastik nur noch weich auszuführen, und dehnen Sie nicht mehr bis an Ihre physischen Grenzen.

Auch psychisch kommt es durch das geeignete Abwärmen zu einer Beruhigung der auf sportliche Leistung eingepegelten Anspannung. Um dies zu unterstützen, sind zum Abschluss jedes Übungsprogramms, nach dem körperlichen Cool-down, spezielle Übungen aus den asiatischen Kampfkünsten und der asiatischen Medizin angeführt, die uns helfen können, Körper, Geist und Atmung zu harmonisieren und die während

des Trainings verbrauchte Energie zumindest teilweise wieder aufzu-
füllen.

Noch einen weiteren Vorteil hat das Abwärmen: Wer psychisch
und/oder physisch völlig geschafft mit dem Training aufhört, kann bald
ganz das Interesse am Training verlieren. Die Motivation lässt nach – und
das ist doch sicher nicht in Ihrem Interesse.

Die richtige Atmung

Von besonderer Bedeutung bei allen gymnastischen Übungen, aber auch
schon bei der Vorbereitung, dem Warm-up, ist die richtige Atmung.
Meist vernachlässigen wir sie sträflich, nicht nur beim Sport, sondern
den ganzen Tag über. Nicht umsonst sagen viele Asiaten: Die Menschen
im Westen atmen wie Frösche. Damit meinen sie, dass wir meistens
oberflächlich, nur in der Brust Atem holen. Wer flach und schnell in die
Brust atmet, neigt aber eher zu Nervosität und Hektik und ist anfälliger
für Stress. Umgekehrt führt Stress zu einer flachen Atmung. Wer ruhig
und tief atmet, schenkt sich nicht nur mehr Kraft, sondern wird auch ge-
lassener und innerlich ruhiger. Vor allem Frauen atmen oft zu oberflächlich. Sie wollen ja schließlich attraktiv sein und dazu gehört eben ein
flacher Bauch. Also beginnen sie, ihn – bewusst oder unbewusst – ein-
zuziehen, mit dem Ergebnis, dass die Atmung sich mehr in die Brust ver-
lagert, was wiederum Verspannungen im Bereich der Schultern und des
oberen Rückens begünstigt.

Am einfachsten beobachten kann man die natürliche Atmung bei
Babys und Kleinkindern: Bei jedem Atemzug wird nicht nur der Brustkorb nach außen, sondern vor allem das Zwerchfell nach unten gedehnt
und der Bauch wölbt sich ganz natürlich ein wenig nach außen. Mit der
Einatmung bewegt sich das Zwerchfell wieder nach oben und der Bauch
wird zurückgezogen.

Unsere Atmung ist ein lebenswichtiger Vorgang, der im täglichen
Leben und auch beim Sport meist nicht bewusst geschieht. Atmet jemand aber nicht richtig, wenn er ein Übungsprogramm ausführt, wird
er bestenfalls nicht den gesundheitlichen und leistungsverbessernden
Effekt verspüren, den die Übungen haben können. Schlimmstenfalls
kann es zu Zerrungen und frühzeitiger Erschöpfung kommen, da die
Leistungsfähigkeit abnimmt und die Herzfrequenz unnötig erhöht wird.
Mit großer Wahrscheinlichkeit wird er auch bald die Lust am Trainingsprogramm verlieren. Ein Leistungssportler hat sich die für seinen Sport

passende Atmung angeeignet und so automatisiert, dass er nicht mehr darauf achten muss. Als Ungeübter und Freizeitsportler ist es aber meist wichtig, möglichst bewusst zu atmen.

Eine Grundregel für die richtige Atmung

Wird bei den Übungen nichts anderes angegeben, atmen Sie ruhig und gleichmäßig durch die Nase ein und aus, aber nicht zwanghaft oder angestrengt. Lassen Sie dem Atem seinen Lauf. Zwerchfell, Brustkorb und Kehle sollten möglichst entspannt sein. Jede Form muskulärer Anspannung im Bereich des Atemapparates behindert eine natürliche tiefe Atmung. Passen Sie Ihren Übungsrhythmus dem Atemrhythmus an und pendeln Sie in Harmonie mit Bewegung und Atmung zwischen Anspannung und Entspannung hin und her. Wenn Sie Ihre Übungen mit der Atmung koppeln, werden Sie feststellen, dass der Atemrhythmus der Geschwindigkeit der Bewegungen automatisch Grenzen auferlegt. Begleiten Sie die Bewegungen durch eine tiefe und ruhige Bauchatmung. Dadurch werden die inneren Organe rhythmisch massiert und der Stoffwechsel optimal aktiviert. Sie werden schnell feststellen, wie sich dies auch positiv auf Ihre Psyche auswirkt und jede Form von Stress und seine Begleiterscheinungen lindert.

> *»Wer seine Atmung kontrollieren kann, behält eher die Übersicht – auch im Boxkampf.«*

Bei den speziellen Atemübungen zur Förderung der Gesundheit sollten Sie außerdem darauf achten, Ein- und Ausatmung allmählich zu verlängern. Die Luft sollte leise, wie eine stille sanfte Brise durch die Nasenlöcher ein- und ausfließen. Entdecken Sie wieder Ihren angeborenen, natürlichen Atemrhythmus.

Sollten Sie einmal außer Puste kommen, etwa bei dem Fortgeschrittenenprogramm, machen Sie im Anschluss an die gerade durchgeführte Übung eine kurze Pause, bis sich Ihre Atmung beruhigt und Sie ohne Schwierigkeiten wieder durch die Nase ein- und ausatmen können.

Ausatmung und Einatmung

Grundsätzlich sollten Sie bei Zug-, Drück- und Dehn- oder Schwungbewegungen ausatmen. Bestenfalls trifft sich der Punkt der maximalen Ausatmung mit dem Punkt der größtmöglichen Dehnbarkeit. Ausatmen sollten Sie auch im Moment des Kraftausstoßes, beispielsweise einem Faust- oder Fußstoß. Atmen Sie vollständig, aber ohne Druck und Anstrengung aus, dann erfolgt die Einatmung meist automatisch und die Atmung fließt.

Kommt der Einatmungsimpuls wie eben beschrieben zustande, atmen Sie tief in den Bauch ein, pumpen Sie sich aber nicht extra auf. Wenn man die Luft mit Gewalt in die Lungen drückt, wird man die Schultern hoch ziehen und den Nacken anspannen und der Atem steigt in die oberen Lungenspitzen. Das Zwerchfell dehnt sich in diesem Fall weniger weit nach unten, die Atmung bleibt oberflächlich. Wenn die Luft bei der Einatmung in den unteren Teil der Lungen strömt, drückt sie das Zwerchfell in den Unterbauch, sodass sich die Lungen maximal ausdehnen können.

Räumen Sie sich genug Zeit für die Durchführung Ihres Übungsprogramms ein. Wollen Sie die Übungen zügig hinter sich bringen, weil Sie zum Beispiel eine Verabredung haben, wird sich auch Ihre Atmung beschleunigen. Sie sind schneller erschöpft und haben weder den bestmöglichen gesundheitlichen noch den optimalen Trainingseffekt. Versuchen Sie die Zeit zu vergessen, während Sie die Übungen durchführen.

Häufige Atmungsfehler

Die Pressatmung: Bei anstrengenden Übungen mit erhöhtem Kraftaufwand, etwa einer Liegestütze, haben viele Menschen die Angewohnheit, die Luft anzuhalten. Im Extremfall wird dann der Kopf rot. Diese Atmung ist völlig unnatürlich und sollte unbedingt vermieden werden, auch wenn sie den Vorteil einer kurzfristig stärkeren Kraftentfaltung hat. Besonders bei älteren oder gestressten Menschen und Menschen mit geschwächter Herzfunktion können sonst Herzrhythmusstörungen auftreten, die durch gleichmäßige Atmung zu vermeiden sind.

Die Hechelatmung: Bei Übungen zur Förderung der Ausdauer und der schnellen Durchführung der Wiederholungen anstrengender Übungen kommt es oft zur *Hechelatmung*. Man versteht darunter eine oberflächliche Atmung mit vielen Atemzügen in kurzer Zeit, die durch den Mund erfolgt. Durch diese Atmung wird nur ein kleiner Teil des Lungenvolumens ausgenutzt und damit nur unzureichend Sauerstoff zugeführt. Um dies auszugleichen, reagiert unser Körper mit einer Erhöhung der Herzfrequenz. Die Folge sind eine Leistungsminderung und im ungünstigsten Fall gesundheitliche Probleme bis hin zu ausgeprägten

Kreislaufirritationen aufgrund der mangelhaften Sauerstoffversorgung. Wie bereits gesagt, machen Sie eine kurze Pause, wenn Sie bei einer Übung einmal außer Atem gekommen sind, bevor Sie mit dem Programm fortfahren.

Die Hyperventilation: Ist jemand nicht gewohnt, tief zu atmen, kann es durch das übermäßige Sauerstoffangebot zu Blutandrang im Kopf und zu Schwindelgefühlen kommen. Atmen Sie daher zwar tief, forcieren Sie aber die Atmung nicht übermäßig, sodass sich Ihr Körper allmählich an die tiefere Atmung gewöhnen kann.

Tipp: Testen Sie den Einfluss der Atmung auf die Herzfrequenz einmal selbst, indem Sie die Abwärmphase unterbrechen und nur mehrmals ruhig und tief ein- und ausatmen. Kontrollieren Sie gleichzeitig mit einer Pulsuhr, wie rasch daraufhin die Herzfrequenz sinkt.

Spezielle Anweisungen für die Gesundheitsübungen

Verschiedene Atem- und Dehnungsübungen stammen aus dem großen Fundus asiatischer Gesundheitsübungen, teilweise aus den Kampfkünsten und zum Teil aus der Traditionellen Chinesischen Medizin. Im alten China waren Medizin und Kampfkunst seit jeher eng miteinander verbunden. Aus diesem Grund sind die Übungen besonders dazu geeignet, Vitalität und Wohlbefinden zu steigern. Sie sind, wie dies in Asien üblich ist, oft mit bildhaften Namen versehen, wie zum Beispiel »die Flügel ausbreiten« oder »nach dem Mond sehen«. Besonders wichtig ist bei diesen Übungen der richtige Atemrhythmus.

»Mit den Meridian-Übungen fördere ich das Energiegleichgewicht meines Körpers. Das ist gerade bei einem so anstrengenden und fordernden Sport wie dem Boxen wichtig.«

Der Block der sechs Meridiandehnungsübungen im dritten Programm stammt aus dem Shiatsu, der japanischen Fingerdruck- und Massagetherapie. Mit ihrer Hilfe werden die Verläufe der zwölf wichtigsten Meridiane gedehnt, wodurch der Energiefluss stimuliert und vorhandene Blockaden aufgelöst werden. (Unter Meridianen versteht man die Energieleitbahnen unseres Körpers in der Tradition der alten chinesischen Medizin. Auch verschiedene andere Übungen beachten besonders dieses Energieleitsystem. Die genauen Wirkungen sind in den jeweiligen Übungsbeschreibungen angeführt.)

Zudem verhelfen die Dehnungsübungen uns zu mehr Beweglichkeit. Sehnen und Muskulatur werden gestärkt, wir fühlen uns kräftiger und widerstandsfähiger.

Dehnungsvermögen und Geschmeidigkeit sind in Asien seit jeher auch ein Ausdruck für geistige Beweglichkeit und Flexibilität. Herkömmliche Dehnungen macht man meist, um etwas zu erreichen und zu leisten. Häufig entstehen auf diese Weise aber noch mehr Verspannungen, besonders wenn Sie ruckhaft und kraftvoll dehnen. Achten Sie während der Dehnung daher besonders darauf, alle Muskeln zu entspannen. Sie werden schnell feststellen, dass Ihre Muskulatur sich umso mehr dehnen lässt, je mehr Sie sie entspannen. Auf diese Weise kann es auch nicht zu Zerrungen oder anderen Verletzungen kommen.

Die Übungen 5, 6 und 7 der ersten Serie eignen sich besonders für Schreibtischarbeiter zur Entspannung der oft stark beanspruchten Nacken- und Schultermuskulatur.

Zum Abschluss dieses Kapitels noch ein Vorschlag für ein tägliches **Gesundheitsprogramm:**

Setzen Sie sich zunächst ruhig hin. Atmen Sie ein und aus, bis Sie sich entspannen. Die Einatmung soll ganz natürlich, von selbst erfolgen. Beobachten Sie, wie sich allmählich Energie an einem Punkt etwa zwei Zentimeter unterhalb des Nabels ansammelt, dem so genannten *Tantien,* dem Zentrum der Bewegungen unseres Körpers.

Beginnen Sie nun mit der Atemübung »Energietore öffnen« und den Gelenkkreisbewegungen aus der ersten Übungsserie. Führen Sie im Anschluss daran die Übungen 2, 3, 4 und 8 der ersten Serie durch – Rumpfbeugen vorwärts, rückwärts, Rumpfdrehung und Fäuste ballen. Nun kommt der Block der sechs Meridiandehnungen, wie sie in der dritten Übungsserie beschrieben werden. Nehmen Sie während der Meridiandehnungen die Spannung im Verlauf der Meridiane wahr (Abbildung der Meridianverläufe s. S. 164 ff.). Versuchen Sie während der Übungen zu spüren, wie sich die Energie allmählich über Brustkorb, Arme, Kopf und Beine ausbreitet.

Schließen Sie zum Abschluss die Energietore. Dies wird am Ende der dritten Übungsserie beschrieben. Wenn Sie wollen, setzen oder legen Sie sich dann noch eine Weile bequem hin, atmen Sie tief und ruhig und spüren Sie den Wirkungen der Übungen nach.

Dieses Gesundheitsprogramm können Sie täglich ein- bis zweimal durchführen, am besten morgens vor dem Frühstück und abends als Bestandteil Ihres Fitnessprogramms.

Programm I
für Gesundheit, Vitalität und Wohlbefinden

Das erste Programm besteht aus einfacheren Übungen. Es kann auch von Frauen durchgeführt werden, die weniger gut trainiert oder sportlich veranlagt sind und ihre Fitness erst langsam aufbauen wollen. Alle Teile des Körpers werden gedehnt und gelockert und die wichtigsten Muskelgruppen auf schonende Weise gekräftigt. Zudem fördert das Programm Gesundheit, Vitalität und Wohlbefinden.

Intensivieren Sie dieses Aufbautraining, indem Sie entweder im Laufe der Zeit einige Übungen aus der zweiten Serie einfügen, zum Beispiel weitere Übungen zur Kräftigung der Bauch- und Rückenmuskeln, oder indem Sie einfache Übungen durch schwierigere aus der fortgeschrittenen Serie ersetzen. Machen Sie zu Ihrem Leitmotto: Sich stets *fordern*, aber nicht *überfordern*!

Ist Ihr Trainings- und Dehnungszustand schon fortgeschritten, können Sie direkt mit dem zweiten Programm beginnen.

Zahlreiche Übungen aus den verschiedenen Programmen helfen, Verspannungen zu lösen, und fördern ganz allgemein Vitalität und Wohlbefinden. Sie sind daher als Kurzprogramm innerhalb eines gewöhnlichen Tagesablaufes im Büro oder zu Hause geeignet. Aufgrund Ihrer speziellen gesundheitlichen Wirkung sollten auch bereits sportlich aktive Menschen mit gutem Fitnesszustand mit den verschiedenen Übungen zur Förderung der Gesundheit experimentieren und sie in ihr Training integrieren. Die wichtigsten gesundheitlichen Aspekte werden bei der Beschreibung der Übungen genannt.

Da die drei Übungsserien aufeinander aufbauen, sollten Sie spätestens nach einigen Wochen mit der zweiten Serie beginnen können. Voraussetzung ist natürlich, dass Sie beständig üben, für den allerersten Beginn mindestens zwei- bis dreimal pro Woche. Nur durch Beständigkeit werden Sie Ihr Ziel erreichen, richtig fit zu werden.

Geht es Ihnen in erster Linie darum, Ihren Gesundheitszustand zu verbessern, reicht auch die erste Übungsserie aus. Mit einigen Ergänzungen versehen, haben Sie ein gesundheitlich wirksames Programm, das den ganzen Körper dehnt und kräftigt. Zusätzlich können Sie noch die Meridiandehnungen ausführen, wie sie detailliert im dritten Programm beschrieben werden. Weitere Übungen, die speziell Gesundheit und Vitalität fördern, finden Sie darüber hinaus in der zweiten und dritten Übungsserie. Sie sind mit entsprechenden Hinweisen versehen, sodass Sie im Laufe der Zeit Ihr individuelles Programm zusammenstellen können.

Die Vorbereitung

Unabhängig davon, ob Sie ein Fitnessprogramm alleine zu Hause oder im Studio beginnen und ob Sie Freizeit- oder Leistungssport betreiben, sollten Sie Ihrem Körper eine Vorbereitungs- oder Aufwärmphase gönnen, das so genannte Warm-up.

Je anspruchsvoller das Fitnessprogramm oder die sportliche Aktivität ist, desto bedeutsamer ist es, dass die Muskulatur schon vorher gut durchblutet, der Stoffwechsel angeregt und Sehnen, Bänder und Gelenke gedehnt und aufgewärmt werden. Auf diese Weise beugen Sie möglichen Verletzungen vor und können den bestmöglichen Nutzen für Fitness und Gesundheit aus Ihren Übungen oder sportlichen Aktivitäten ziehen.

Auch mental sollten Sie sich vorbereiten und einstimmen. Dazu dient die folgende Übung.

Die Energietore öffnen:
Vorbereitende Übung zur mentalen und körperlichen Einstimmung

Ausgangsposition: Stehen Sie bequem, mit geradem Rücken. Die Füße stehen parallel und schulterbreit auseinander. Die Arme hängen entspannt neben dem Körper herab, die Knie sind leicht gebeugt.

Atmung: Ganz im Einklang mit der Bewegung der Hände ruhig durch die Nase ein- und ausatmen.

Ausführung: Beginnen Sie in der Ausgangsposition durch die Nase tief in den Bauch einzuatmen und heben Sie gleichzeitig ganz langsam im Einklang mit der Atmung die Arme seitlich neben dem Körper ein wenig an, bis sie in etwa einen Winkel von 45 Grad mit den Körperseiten bilden. Hände und Handgelenk bleiben während der Übung entspannt, die Handflächen weisen in Richtung Körper. Mit der Ausatmung lassen Sie die Arme ebenso langsam sinken, bis sie sich wieder entspannt neben dem Körper befinden. Die Bewegungen sind fließend und ohne Anspannung. Atmen Sie leise, gleichmäßig und ohne Anstrengung. Verlängern Sie die Ein- und Ausatmungsspanne während der Übung ganz allmählich. Lenken Sie Ihre Aufmerksamkeit auf Unterbauch und Hände. Führen Sie die Übung mindestens zwanzig Atemzüge lang durch.

Besonderer Hinweis: Diese Übung stammt aus der asiatischen Medizin. Sie dient der allgemeinen Entspannung und Sammlung und harmonisiert Körper und

Atmung. Sie können Sie auch während des Tages machen, um sich zu entspannen und zur Ruhe zu kommen. Nehmen Sie sich dafür dann etwa fünf Minuten Zeit.

Beispiel für den Ablauf eines Warm-up

Ausgangsposition: Für die meisten Übungen beim Warm-up dient der schulterbreite Stand als Ausgangsposition. Diese Körperhaltung ist auch die häufigste Ausgangsstellung für Übungen, die im Stehen durchgeführt werden. Stellen Sie sich aufrecht hin, die Knie sind leicht gebeugt, nicht ganz durchgestreckt, der Rücken gerade, die Arme hängen locker neben dem Körper herab. Die Füße stehen parallel und etwa schulterbreit auseinander. Bei vielen Übungen können die Fußspitzen aus Bequemlichkeitsgründen auch leicht nach außen weisen.

Atmung: Atmen Sie während des Warm-up ruhig und gleichmäßig durch die Nase ein und aus.

Ausführung: Strecken Sie aus der beschriebenen Ausgangsposition heraus die Arme nach oben und greifen Sie ausgiebig abwechselnd mit der rechten und linken Hand nach oben, als würden Sie mit den Händen versuchen, an der Decke etwas zu erreichen. Stellen Sie sich dabei auf die Zehenspitzen. Sie können sich auch vorstellen, dass Sie Äpfel vom Baum pflücken, die jedoch so hoch hängen, dass Sie sie gerade noch erreichen.

Rollen Sie im Anschluss daran zwanzigmal von den Zehenspitzen auf die Fersen und wieder zurück. Die Knie dabei beugen. Die Arme schwingen ein wenig nach vorn, wenn Sie sich auf die Fußballen stellen, und nach hinten, sobald Sie das Gewicht auf die Fersen verlagern.

Nun schwingen Sie zwanzigmal abwechselnd die Arme nach vorn und nach hinten und federn dabei jeweils zwischen den Armbewegungen weich in den Knien mit.

Stehen Sie wiederum entspannt, mit parallelen Füßen, die Arme hängen locker seitlich herab. Ziehen Sie nun weich, aber so weit wie möglich ein Knie hoch. Setzen Sie es wieder ab, dann ziehen Sie das andere Knie hoch.

Nach etwa fünfmal Knieheben auf beiden Seiten strecken Sie gleichzeitig den Arm der anderen Seite nach oben. Abwechselnd zehn- bis zwanzigmal das Knie hochziehen und den gegenseitigen Arm nach oben strecken.

Laufen Sie nun weich und entspannt zwei bis drei Minuten lang auf der Stelle. Die Arme hängen dabei locker herab.

Zum Abschluss schütteln Sie Arme und Beine aus.

Besonderer Hinweis: Anstelle dieses Warm-up können Sie auch fünf Minuten lang gemütlich auf der Stelle laufen. Zur Abwechslung können Sie aber auch fünf Minuten langsam joggen oder zehn Minuten lang Fahrrad fahren an der frischen Luft. Anschließend müssen Sie zusätzlich keine wichtigen Dehnungsübungen durchführen, da diese in das nachfolgende Übungsprogramm integriert sind.

Übungsserie I

Die nachfolgenden Übungen sind ein komplexes Übungsprogramm für den ganzen Körper.

ÜBUNG 1

Immer schön locker bleiben – mit den Gelenken kreisen:
die Gelenke und die sie umgebende Muskulatur aufwärmen

Ausgangsposition: Grundstellung ist wieder der oben beschriebene schulterbreite Stand. Die Füße stehen parallel, etwa schulterbreit auseinander, der Rücken gerade, die Knie leicht gebeugt. Die Arme hängen entspannt neben dem Körper herab.

Atmung: Atmen Sie ruhig und langsam durch die Nase ein und aus, wenn nichts anderes angegeben wird. Genauere Anleitungen für einzelne Übungen finden Sie in den jeweiligen Beschreibungen.

Hals- und Nackenmuskulatur und Halswirbelsäule: Stehen Sie entspannt, mit parallelen Füßen im schulterbreiten Stand. Die Arme hängen locker herab oder sind auf die Hüften gestützt. Legen Sie nun zunächst den Kopf mit der Einatmung nach hinten in den Nacken und lassen Sie ihn beim Ausatmen entspannt nach vorne zur Brust sinken. Je dreimal den Kopf ohne jede Anstrengung so weit wie möglich vor- und zurückbeugen.

Im Anschluss daran den Kopf mit der Ausatmung nach links neigen, wobei Sie das Ohr Richtung linke Schulter bewegen und nicht die Schulter Richtung Kopf ziehen sollten. Mit der Einatmung den Kopf wieder in die Mitte führen. Beim nächsten Ausatmen neigen Sie den Kopf auf die rechte Seite. Ebenfalls je dreimal den Kopf auf beide Seiten neigen.

Nun einatmen und mit der Ausatmung den Kopf nach links drehen und dabei mit den Augen nach hinten blicken. Während der Einatmung den Kopf in die Mitte bewegen, mit der nächsten Ausatmung nach rechts drehen. Je dreimal auf beide Seiten drehen.

Bewegen Sie Ihren Kopf sanft, ohne Gewalt und Anstrengung, sonst verkehrt sich der positive, entspannende und lockernde Effekt dieser Übung auf Nackenmuskulatur und Wirbelgelenke in das Gegenteil, zu mehr Anspannung.

Wenn Sie keine Beschwerden mit der Halswirbelsäule haben, lassen Sie zum Schluss Ihren Kopf nur mit seinem Eigengewicht ganz langsam zuerst in die eine Richtung, dann in die andere Richtung je zweimal kreisen.

Schultergelenke, Nacken- und Schultermuskulatur: Diese Übung öffnet den Brustkorb zur Unterstützung einer tiefen Atmung und lockert effektiv die Muskulatur von Nacken, Schultern und oberem Rücken. Stehen Sie wie zuvor, atmen Sie ein und ziehen Sie dabei die Schultern nach vorne, dann Richtung Ohren hoch. Nun kreisen Sie so weit wie möglich nach hinten. Sobald Sie die Schultern nach unten führen, beginnen Sie mit der Ausatmung. Bewegen Sie die Schultern langsam nach hinten unten, von dort nach vorne unten usw. Halten Sie Schulter- und Armmuskulatur möglichst locker, während Sie die Schultern im Gelenk rollen. Kreisen Sie sechs- bis zehnmal nach hinten und sechs- bis zehnmal in die Gegenrichtung nach vorne.

Achten Sie darauf, möglichst große Kreise durchzuführen. Bewegen Sie sich gleichmäßig und ohne Anstrengung und gebrauchen Sie nur so viel Kraft, wie notwendig, nicht mehr. Atmen Sie ein, wenn Sie die Schultern nach oben führen, und aus, sobald Sie sie nach unten bewegen. Versuchen Sie ein warmes Gefühl in den Schultern zu entwickeln und atmen Sie gleichmäßig und tief bis in den Bauch ein.

Lendenwirbelsäule, Beckengürtel und Hüften: Die folgenden zwei Beckenübungen lockern die Muskulatur im Bereich der unteren Wirbelsäule und wirken auch harmonisierend bei Regelbeschwerden. Sie fördern die Darmtätigkeit und beugen auf diese Weise Verstopfung vor. Führen Sie auch diese Übungen ohne große Anstrengung durch.

– Becken kippen: Stehen Sie mit lockeren Knien im schulterbreiten Stand. Die Hände befinden sich auf den Hüften, die Schultern bleiben entspannt. Kippen Sie nun mit der Einatmung das Becken so weit wie möglich nach hinten, sodass sich ein Hohlkreuz bildet und der Po nach hinten zeigt. Atmen Sie aus, dabei das Becken möglichst weit nach vorne kippen. Das Hohlkreuz sollte völlig verschwinden. Sechs- bis zwölfmal in jede Richtung wiederholen.

– Becken kreisen: Stehen Sie im zuvor beschriebenen schulterbreiten Stand, die Knie sind locker, die Hände befinden sich weiter auf den Hüften. Kreisen Sie nun mit dem Becken in eine Richtung (s. Abb.). Der Oberkörper neigt sich dabei zum Ausgleich in die entgegengesetzte Richtung. Beschreiben Sie die Kreise möglichst groß und kreisen Sie sechs- bis zwölfmal zuerst in die eine, dann in die andere Richtung. Fügen Sie einen Schlusskreis an, der entgegengesetzt zur letzten Richtung verläuft.

Handgelenke und Ellbogen: Stehen Sie bequem, legen Sie die Handflächen vor dem Körper aufeinander und drücken Sie sie einige Sekunden lang zusammen. Anschließend die Handflächen kräftig gegeneinander reiben, bis sie richtig warm werden. Nun mit den warmen Händen Handgelenke und Ellbogen oben, unten und seitlich abreiben. Beugen Sie jetzt die Handgelenke mehrmals nach oben und wieder nach unten. Zum Abschluss umfassen Sie mit einer Hand den anderen Arm knapp oberhalb des Handgelenks und kreisen mit dem freien Handgelenk sechsmal langsam in die eine, dann in die andere Richtung. Zuletzt mit dem anderen Handgelenk in der gleichen Weise kreisen.

Kniegelenke und Ober- und Unterschenkelmuskulatur:

- Knie reiben und bewegen: Stehen Sie wieder schulterbreit. Ziehen Sie nun die rechte Fußspitze nach oben und reiben Sie das rechte Knie ab. Dann die linke Fußspitze nach oben ziehen und das linke Knie abreiben. Anschließend stellen Sie die Fußspitzen ein wenig nach außen, legen die Handflächen auf beide Knie und bewegen die Kniegelenke abwechselnd mehrmals, indem Sie sie beugen und wieder strecken.

- Knie kreisen: Stellen Sie jetzt beide Füße parallel eng nebeneinander und legen Sie die rechte Handfläche auf die linke, die linke Handfläche auf die rechte Kniescheibe. Kreisen Sie nun mit dem Kniegelenk zuerst acht- bis zwölfmal rechtsherum, dann links herum (s. Abb.). Strecken Sie die Knie während der kreisförmigen Bewegung, sobald Sie sich hinten befinden, fast durch, indem Sie sie mit den Handflächen leicht nach hinten drücken. Beugen Sie die Knie, sobald sie vorne sind.

Fußgelenke und Unterschenkelmuskulatur: Stehen Sie bequem aufrecht und heben Sie ein Bein etwas vom Boden ab. Nun langsam mit dem Fußgelenk acht- bis zwölfmal in die eine, dann in die andere Richtung kreisen. Anschließend die Beine wechseln und mit dem anderen Fuß kreisen.

Besonderer Hinweis: Die Kreisbewegungen in dieser Übungsabfolge dienen der Lockerung und Aufwärmung der Gelenke und der sie umgebenden Muskulatur. Sie eignen sich auch gut als Bestandteil allgemein entspannender Übungsprogramme.

ÜBUNG 2   *Sich im Rücken wohlfühlen I:*
die Wirbelsäule und die Hüften bewegen
und dehnen

Ausgangsposition: Stehen Sie schulterbreit, mit geradem Rücken und parallelen Füßen.

Atmung: Atmen Sie mit der Abwärtsbeugung aus und richten Sie sich auf, sobald die Einatmung beginnt. Mit der nächsten Ausatmung beugen Sie sich zurück, beim darauf folgenden Einatmen kehren Sie wieder in die Ausgangsposition zurück. Intensiver ist die Übung, wenn Sie in der größtmöglichen Dehnung für ein bis zwei Atemzüge verweilen.

Ausführung: Beugen Sie sich aus dem schulterbreiten Stand mit möglichst geradem Rücken, aus der Hüfte heraus, nach vorne, dann die Wirbelsäule weiter beugen, bis Sie bestenfalls mit den Fingerspitzen (wenn Sie sehr gelenkig sind, auch mit den Handflächen) den Boden erreichen (s. Abb. 1).

1   2

Atmen Sie während der Abwärtsbewegung aus und richten Sie sich mit der Einatmung wieder auf (oder Sie bleiben ein bis zwei Atemzüge lang in der Dehnung und richten sich dann mit dem nächsten Einatemimpuls auf). Stützen Sie die Hände in den Bereich der Nieren und strecken Sie sich mit der nächsten Ausatmung so weit wie möglich nach hinten, ohne dass es Ihnen unangenehm wird (s. Abb. 2, S. 57).

Wiederum mit der nächsten Einatmung in die Ausgangsposition zurückkehren (oder ein bis zwei Atemzüge lang in der Dehnung bleiben und sich mit dem nächsten Einatemimpuls aufrichten). Dehnen Sie dreimal nach vorne und dreimal nach hinten. Überdehnen Sie nicht und führen Sie die Bewegungen langsam, weich und fließend im Atemrhythmus aus. Außer einer leichten Dehnungsspannung in der hinteren Beinmuskulatur sollten keine Schmerzen auftreten.

Besonderer Hinweis: Die Übung dehnt und kräftigt die gesamte Wirbelsäule. Durch die Dehnung des Zwerchfells von vorne und von hinten und die Öffnung des Brustkorbs wird eine tiefe Atmung gefördert.

Sich im Rücken wohlfühlen II: die Oberkörpermuskulatur dehnen

Ausgangsposition: Stellen Sie die Beine etwas mehr als schulterbreit auseinander, die Füße stehen parallel zueinander, die Knie sind nicht ganz durchgestreckt.

Atmung: Atmen Sie ruhig und gleichmäßig im Einklang mit der Bewegung. Sie können mit der Seitdehnung ausatmen, mit der Aufrichtung einatmen und der nächsten Seitbeugung wieder ausatmen. Intensiver dehnen Sie, wenn Sie einen Atemzug lang in der größtmöglichen Dehnung bleiben.

Ausführung: Führen Sie aus dem etwas mehr als schulterbreiten Stand eine Hand mit der Handfläche nach unten so weit wie möglich über den Kopf zur anderen Seite hin und beugen Sie den Oberkörper in diese Richtung (s. Abb.).

Der herabhängende Arm zieht gleichzeitig nach unten. Bleiben Sie einen Atemzug in der Dehnung, wenn Sie dies ohne Anstrengung und Beschwerden können, dann richten Sie sich wieder auf und beugen sich zur anderen Seite hin. Führen Sie die Dehnung zu jeder Seite mindestens viermal aus, aber ohne nachzuwippen. Fordern Sie sich, aber forcieren Sie sich nicht übermäßig.

Besonderer Hinweis: Nacken und Schultern sollten locker bleiben, auch sollte der Kopf nicht zu sehr auf die Seite geneigt werden.

ÜBUNG 4   *Sich im Rücken wohlfühlen III: den Oberkörper dehnen*

Ausgangsposition: Nehmen Sie den schulterbreiten Stand ein. Die Arme hängen locker seitlich herab, die Schultern sind entspannt, die Knie leicht gebeugt.

Atmung: Atmen Sie ruhig und entspannt im Bewegungsrhythmus.

Ausführung: Drehen Sie sich im schulterbreiten Stand langsam nach links, dann nach rechts. Der Bewegungsimpuls kommt von den Oberschenkeln. Hüften, Rumpf und Arme folgen dem Bewegungsimpuls von ganz alleine. Halten Sie die Ellbogen leicht gebeugt, aber locker, sodass die Arme bei jeder Drehung frei schwingen können. Wenn Sie wollen, lassen Sie die Hände am Ende der Drehung leicht gegen Brust und Rücken schlagen, das dient der Vitalisierung. Nehmen Sie bei jeder Drehung auch den Kopf mit zur Seite und schauen Sie über die Schulter nach hinten. Vergrößern Sie die Drehungen allmählich, bis Sie die Grenze Ihrer Dehnbarkeit erreicht haben. Drehen Sie sich sechs- bis achtmal nach links und nach rechts, aber mit Gefühl, nicht schwungvoll.

Besonderer Hinweis: Diese Übung dient der Lockerung der Hals-, Nacken und Rückenmuskulatur und hilft, die Wirbel vom Hals bis zum Kreuzbein gerade auszurichten. Rückenmark und Spinalnerven werden angeregt, der Brustkorb geöffnet, was eine tiefe Atmung begünstigt.

ÜBUNG 5

Den Himmel auf Händen tragen:
die Hand-, Arm-, Schulter- und Rückenmuskulatur
und die Körperseiten dehnen

Ausgangsposition: Ausgangsstellung ist wieder der schulterbreite Stand, die Knie sind leicht gebeugt, die Füße parallel.

Atmung: Atmen Sie tief und ruhig ein, dann beugen Sie sich mit der Ausatmung zu einer Seite, atmen dort ein und kehren ausatmend in die Ausgangsposition zu–

1

rück. Forcieren Sie die Atmung nicht, sondern richten Sie die Bewegung nach dem Atemimpuls und nicht umgekehrt.

Ausführung: Stehen Sie schulterbreit, verschränken Sie die Finger miteinander und strecken Sie sie mit den Handflächen nach oben über den Kopf (s. Abb. 1).

Atmen Sie ein und beugen Sie sich mit der Ausatmung zur rechten Seite, wobei Sie die Hände in der größten Dehnung noch weiter nach oben strecken, jeweils mit der Ausatmung (s. Abb. 2).

Atmen Sie in der Dehnung ein und kehren Sie mit der nächsten Ausatmung in die aufrechte Haltung zurück. Dort wiederum einatmen und sich mit der Ausatmung auf die andere Seite neigen.

Strecken Sie sich jeweils mit der Ausatmung ein wenig nach oben und konzentrieren Sie sich dabei auf die Streckung der Wirbelsäule. Achten Sie darauf, tief und gleichmäßig ein- und auszuatmen.

Auf jede Seite etwa dreimal dehnen.

Besonderer Hinweis: Diese Übung stammt aus dem großen Fundus asiatischer Gesundheitsübungen. Ihre gesundheitlichen Aspekte sind: Stimulierung des Gallenblasenmeridians, Förderung der Atmung durch Dehnung der Oberkörpermuskulatur und eine unterstützende Wirkung bei Bronchitis, Asthma, Nierenfunktionsstörungen und Kreuzschmerzen.

ÜBUNG 6 *Einmal ratlos sein:*
Die Schultern lockern

Ausgangsposition: Stellen Sie sich mit parallelen Füßen in den schulterbreiten Stand. Die Knie sind leicht gebeugt, Kopf und Rücken gerade. Die Arme hängen entspannt seitlich herab.

Atmung: Atmen Sie während der Übung ruhig und gleichmäßig ein und aus.

Ausführung: Ziehen Sie im schulterbreiten Stand die rechte Schulter so hoch wie möglich. Gleichzeitig die linke Schulter nach unten drücken. Die Spannung zwei bis drei Atemzüge lang halten, die Schulter wieder fallen lassen und entspannen. Dann die andere Schulter nach oben ziehen. Spannen Sie die Schultern nicht zu stark an, sondern mit Gefühl, besonders, wenn Sie verspannt sind.

Auf jeder Seite drei- bis viermal die Schultern anspannen und wieder locker lassen.

ÜBUNG 7 — *Die Arme verschränken – einmal anders: die Schultermuskeln dehnen*

Ausgangsposition: Stellen Sie sich wiederum mit parallelen Füßen und leicht gebeugten Knien in den schulterbreiten Stand.

Atmung: Atmen Sie während der Übung ruhig und gleichmäßig ein und aus.

Ausführung: Verschränken Sie im schulterbreiten Stand die Hände hinter dem Rücken, sodass die Handflächen nach außen weisen. Ziehen Sie dann die gestreckten Arme hinter dem Rücken so hoch wie möglich. Der Rücken bleibt dabei gerade. Halten Sie die Spannung ein bis zwei Atemzüge lang, dann entspannen Sie wieder.

Nach einigen Sekunden Entspannung erneut die Arme nach hinten oben strecken. Drei- bis viermal dehnen.

Besonderer Hinweis: Eine ähnliche, ein wenig anspruchsvollere Übung ist die Dehnung des Lungen- und Dickdarmmeridians in der dritten Übungsserie unter Übung 5 (ab S. 105).

Die Übungen 6 und 7 zur Entspannung von Schultern und Nacken sind auch hervorragend für eine kurze Lockerungspause im Büro oder zu Hause für Schreibtischarbeiter geeignet. Im Anschluss daran können Sie noch die Wirbelsäulendehnungen der Übungen 2, 3 und 4 durchführen. Dehnen Sie nur leicht, wenn Ihre Schultern sehr verspannt sind.

ÜBUNG 8 — *Die Fäuste ballen: die Hand- und Unterarmmuskulatur kräftigen*

Ausgangsposition: Stehen Sie bequem, mit geradem Rücken und leicht gebeugten Knien.

Atmung: Atmen Sie ruhig und gleichmäßig und verkrampfen Sie sich nicht.

Ausführung: Heben Sie im entspannten Stand die Arme seitlich neben dem Körper leicht an. Nun mit Kraftaufwand die Fäuste ballen, dann die Finger strecken. Ballen Sie mindestens acht- bis zwölfmal die Fäuste. Werden im Laufe der Zeit Ihre Muskeln kräftiger, ballen Sie die Fäuste auch mit gerade nach vorn, nach oben und seitlich in Schulterhöhe ausgestreckten Armen. Wie bei allen Kräftigungsübungen, ist der Stärkungseffekt der Muskulatur umso ausgeprägter, je öfter Sie die Übung wiederholen.

Besonderer Hinweis: Die Fäuste zu ballen kräftigt nicht nur die Muskulatur von Händen und Unterarmen, sondern erhöht auch Vitalität und Abwehrkraft und stimuliert über die Handreflexzonen die inneren Organe. Außerdem werden Willenskraft und Selbstvertrauen gestärkt.

ÜBUNG 9 — *Charleston für die Arme: mit der Armschere die Brustmuskulatur kräftigen*

Ausgangsposition: Begeben Sie sich in den schulterbreiten Stand. Die Füße sind parallel, die Knie leicht gebeugt.

Atmung: Atmen Sie gleichmäßig, auch bei der schnellen Ausführung dieser Übung.

Ausführung: Strecken Sie im schulterbreiten Stand die Arme und Hände gerade nach vorn, die Handflächen weisen nach unten. Nun die rechte und linke Handfläche wie eine sich schließende und wieder öffnende Schere übereinander kreuzen, sodass einmal die rechte Hand oben ist, dann die linke.

Kreuzen Sie die Hände immer schneller und führen Sie dabei die Arme langsam bis über den Kopf. Sind die Arme über dem Kopf, stellen Sie sich auf die Fußballen. Dann die Fußballen wieder absenken und die sich kreuzenden - Hände allmählich nach unten führen, bis sie sich wieder gerade vor der Brust befinden.

Besonderer Hinweis: Anfänger sollten diese Übung nicht zu schnell durchführen, Fortgeschrittene so schnell wie möglich, ohne sich aber dabei zu verspannen.

ÜBUNG 10   *Die Beine lang machen I:*
die Beinvorderseite dehnen

Ausgangsposition: Stehen Sie entspannt, mit parallelen Füßen.

Atmung: Atmen Sie während der Übung ruhig und gleichmäßig.

Ausführung: Aus der entspannten Ausgangsposition heraus heben Sie ein Bein und beugen den Unterschenkel nach hinten. Den Fuß nach oben in Richtung Po anhe-

ben. Umfassen Sie mit der gleichseitigen Hand das Fußgelenk hinten und ziehen Sie den Fuß zu sich an den Körper und gleichzeitig nach oben. Mit dem richtigen Dehnungszug wird das Knie etwas nach hinten bewegt (s. Abb.). Achten Sie darauf, dass der Oberkörper gerade bleibt. Halten Sie einige ruhige Atemzüge lang die Dehnung, dann das Bein absetzen und das andere dehnen. Jedes Bein zwei- bis dreimal dehnen. Um das Gleichgewicht nicht zu verlieren, können Sie sich mit der freien Hand an einer Wand oder Säule abstützen.

Besonderer Hinweis: Wenn Ihnen diese Übung schwer fällt, können Sie den Fuß auch an der Fußspitze greifen oder Sie legen ein Handtuch wie eine Schlinge um das Fußgelenk, fassen die Enden und dehnen auf diese Weise. Halten Sie den Rücken gerade und entwickeln Sie kein Hohlkreuz. Die Beindehnungen in diesem und den anderen Programmen sind auch bewährte Dehnungsübungen für Jogger.

ÜBUNG 11   *Die Beine lang machen II:*
die Beinrückseite dehnen

Ausgangsposition: Stellen Sie sich mit parallelen Füßen in einem Abstand von etwa dreißig Zentimetern vor eine Wand.

Atmung: Achten Sie darauf, tief und ruhig zu atmen.

Ausführung: Mit dem Gesicht zur Wand, stützen Sie sich dort mit einer Hand ab. Machen Sie einen großen Schritt nach hinten und setzen Sie das rückwärtige Bein mit dem Fußballen auf. Nun die Ferse langsam auf den Boden absenken, sodass Sie in der Achillessehne, der hinteren Wadenmuskulatur, der Kniekehle und der hinteren Oberschenkelmuskulatur eine leichte Spannung spüren. Zwei bis drei Atemzüge lang in dieser Dehnung verharren, dann das Bein wechseln. Jedes Bein zwei- bis dreimal dehnen.

Besonderer Hinweis: Auch diese Dehnung hat sich wie die vorherige gut bewährt, wenn Sie joggen oder andere Sportarten betreiben, bei denen die Beinmuskulatur beansprucht wird. Varianten zu diesen Beindehnungen finden Sie in den Übungsserien zwei und drei.

ÜBUNG 12   *Straffer Po und schöne Beine:*
Kniebeugen

Ausgangsposition: Stehen Sie aufrecht, mit parallelen Füßen, die etwas mehr als schulterbreit auseinander sind. Halten Sie die Arme entweder gerade gestreckt vor sich oder verschränken Sie sie im Nacken.

Atmung: Atmen Sie ruhig und gleichmäßig aus, wenn Sie die Knie beugen, und ein, sobald Sie in die Ausgangsposition zurückkehren. Achten Sie darauf, sich während der Übung nicht zu verspannen. Auch schnellere Kniebeugen sollten Sie mit gleichmäßigem Atemrhythmus ausführen.

Ausführung: Beugen Sie aus einem etwas mehr als schulterbreiten Stand heraus langsam die Knie. Blicken Sie dabei geradeaus und verschränken Sie die Arme im Nacken oder strecken Sie sie gerade nach vorne. Atmen Sie während der Beuge aus und wenn Sie sich nach oben bewegen, ein. Die maximale Beugung im Kniegelenk sollte nicht mehr als 90 Grad betragen, da sonst die Kniegelenke zu stark belastet werden. Halten Sie die Spannung zwei bis drei Atemzüge lang, dann richten Sie sich wieder auf. Beginnen Sie mit zehn Kniebeugen und steigern Sie die Anzahl im Laufe der Zeit.

Besonderer Hinweis: Ist Ihnen diese Kniebeugenart zu langsam, bleiben Sie nicht in der unteren Dehnung, sondern richten sich gleich wieder auf. Kniebeugen für Fortgeschrittene finden Sie in der Übungsserie zwei unter Übung 14. Fügen Sie diese Übung mit zunehmender Fitness in das erste Programm ein.

ÜBUNG 13 *Alle auf einen Streich: mit Liegestützen die gesamte Körpermuskulatur kräftigen*

Ausgangsposition: Begeben Sie sich in die Stützstellung. Knien Sie sich dazu auf den Boden und stützen Sie sich mit den Armen ab. Die Hände sind in Brusthöhe leicht nach innen aufgesetzt, Unterschenkel und Füße nach oben gestreckt und übereinander gekreuzt.

Atmung: Atmen Sie ruhig und gleichmäßig und fallen Sie nicht in die Pressatmung (s. S. 47). Führen Sie die Stütze während der Ausatmung durch und atmen Sie in der oberen Stellung ein.

Ausführung: In der Stützstellung mit nach oben gestreckten und übereinander gekreuzten Unterschenkeln und Füßen ruht das Gewicht auf den Händen und knapp oberhalb der Kniescheiben. Senken Sie sich nun langsam Richtung Boden ab und spannen Sie gleichzeitig die Bauchmuskulatur etwas an. Kopf, Hals, Rücken und Po bilden eine möglichst gerade Linie. Dann stemmen Sie sich wieder nach oben, bis die Arme fast gestreckt sind.

Beginnen Sie mit mindestens fünf Liegestützen täglich und steigern Sie allmählich.

Besonderer Hinweis: Liegestützen sind sehr gut zur Kräftigung mehrerer Muskelpartien geeignet. Auch wenn es Ihnen anfangs schwer fällt, bleiben Sie am Ball, es lohnt sich. Bei der abgeknieten Liegestütze handelt es sich um eine einfachere Stützvariante, mit der Sie auch bei weniger gutem Trainingszustand beginnen können.

Fortgeschrittenere Liegestützvarianten, die Sie im Laufe der Zeit in dieses Programm aufnehmen können, finden Sie in der Übungsserie zwei unter Übung 18.

ÜBUNG 14 *Haben Sie den Dreh raus?*
Die Rückenmuskeln und die Wirbelsäule dehnen

Ausgangsposition: Stellen Sie in Rückenlage mit erhobenen Knien die Füße auf den Boden. Die Arme ruhen mit nach unten gerichteten Handflächen seitlich neben dem Oberkörper.

Atmung: Atmen Sie ruhig und tief.

Ausführung: Ziehen Sie in Rückenlage nun die Knie noch etwas weiter in Richtung Brust. Dann wenden Sie die Knie sanft nach links und legen sie dort ab. Den Kopf gleichzeitig nach rechts wenden (s. Abb.).

Bleiben Sie zwei Atemzüge lang in dieser Stellung. Anschließend Knie und Kopf in die andere Richtung wenden und ablegen. Ebenfalls zwei Atemzüge lang dehnen. Lassen Sie die Schultern möglichst am Boden. Dehnen Sie in beide Richtungen je zwei- bis dreimal.

Besonderer Hinweis: Die Übung dient auch der Vorbeugung und Linderung von Beschwerden im Bereich der unteren Wirbelsäule. Leiden Sie unter akuten Wirbelsäulenbeschwerden, sollten Sie diese Übung nur mit Vorsicht, am besten nach Absprache mit Ihrem Arzt oder Physiotherapeuten durchführen!

ÜBUNG 15 *Machen Sie den Bauch frei I:*
Sit-ups

Ausgangsposition: Legen Sie sich auf den Rücken und stellen Sie die Beine mit den Fersen auf, dass Ober- und Unterschenkel einen rechten Winkel bilden. Die Lendenwirbelsäule liegt flach auf dem Boden.

Atmung: Mit der Ausatmung hochrollen, mit der Einatmung in die Ausgangsposition zurückkehren.

Ausführung: Aus der Rückenlage mit aufgestellten Fersen heraus die Arme nach vorne strecken und bis auf Kniehöhe anheben. Nun mit der Ausatmung Kopf und Schultern langsam hochrollen und immer noch ausatmend die Spannung einige Sekunden lang halten. Die Spannung so lange aufrechterhalten, wie es Ihnen mit der Ausatmung ohne Probleme möglich ist. Die Luft dabei nicht herauspressen. Mit dem Einatemimpuls rollen Sie langsam wieder zurück. Die Arme ablegen, zum Schluss den Kopf. Die Übung mindestens fünf- bis zehnmal durchführen und die Anzahl der Sit-ups im Laufe der Zeit steigern. Achten Sie darauf, dass Sie sich möglichst nur mit der Kraft der Bauchmuskulatur nach oben rollen, und drücken Sie Becken und untere Wirbelsäule zum Boden.

Besonderer Hinweis: Die in dieser Übungsserie dargestellte Sit-up-Variante ist besonders rückenschonend und daher für Fitnessanfänger, aber auch für Menschen mit leichteren Rückenbeschwerden bestens zum Aufbau der Bauchmuskulatur geeignet. Fortgeschrittenere Sit-up-Varianten, die Sie in dieses Programm einfügen können, finden Sie in der Übungsserie zwei unter Übung 21 und in Serie drei unter Übung 20.

ÜBUNG 16 *Machen Sie den Bauch frei II:*
Rad fahren

Ausgangsposition: Bleiben Sie in Rückenlage mit aufgestellten Fersen. Die Arme liegen entspannt seitlich neben dem Körper.

Atmung: Atmen Sie während der Übung ruhig und gleichmäßig.

Ausführung: Heben Sie aus der gleichen Ausgangslage wie zuvor ein Bein so weit vom Boden ab, bis sich der Oberschenkel im rechten Winkel zum Boden befindet. Nun das Bein nach oben strecken, ohne das Knie ganz durchzudrücken, und mit dem angehobenen Bein Rad fahren: Die Ferse zur Zimmerdecke drücken, dann das fast gestreckte Bein etwas absenken, das Knie anwinkeln, Richtung Brust führen und das Bein wieder strecken. Der Rücken bleibt entspannt auf dem Boden liegen.

Mit jedem Bein mehrmals Rad fahren und dabei die Bauchmuskulatur anspannen.

ÜBUNG 17 *Den Rücken lang machen: die Knie nach oben ziehen*

Ausgangsposition: Legen Sie sich auf den Rücken und winkeln Sie beide Beine an. Der Kopf liegt entspannt auf dem Boden.

Atmung: Atmen Sie ruhig und gleichmäßig. Halten Sie nicht die Luft an, während Sie dehnen.

Ausführung: Umfassen Sie in Rückenlage die angewinkelten Beine mit den Händen an den Knien oder den Oberschenkelrückseiten und ziehen Sie die Beine so weit wie möglich zur Brust. Halten Sie die Spannung einige Atemzüge lang, dann die Beine nacheinander absetzen. Dehnen Sie dreimal.

Besonderer Hinweis: Intensivieren können Sie diese Übung, indem Sie gleichzeitig den Kopf anheben, während Sie die Beine zur Brust ziehen.

ÜBUNG 18 *Der Klassiker für einen starken Rücken: die Rückenmuskulatur kräftigen*

Ausgangsposition: Begeben Sie sich in den Vierfüßlerstand. Das Körpergewicht ruht auf den Handflächen der nicht ganz durchgestreckten Arme, den Knien und Zehen. Halten Sie Nacken und Hals in einer Linie mit dem Rücken.

Atmung: Atmen Sie während der Übung tief und gleichmäßig.

Ausführung: Strecken Sie aus dem Vierfüßlerstand heraus langsam das linke Bein waagrecht nach hinten und den rechten Arm nach vorne, als wollten Sie damit

vorne und hinten einen Gegenstand wegschieben. Achten Sie darauf, dass Arm, Oberkörper, Gesäß und Bein eine gerade Linie bilden (s. Abb.).

Falls notwendig, nehmen Sie zur Kontrolle einen Spiegel zu Hilfe. Sehen Sie zum Boden und verbleiben Sie zwei bis drei Atemzüge lang in dieser Stellung, dann begeben Sie sich wieder in die Ausgangsposition und wechseln die Seite. Die Übung mindestens dreimal auf jeder Seite durchführen.

Besonderer Hinweis: Diese klassische und schonende Übung zur Kräftigung der Rückenmuskulatur können auch Menschen mit leichteren Rückenbeschwerden durchführen. Intensivieren können Sie die Übung, indem Sie die Wiederholungsfrequenz steigern.

ÜBUNG 19 *Auf einem Pferd reiten und damit die Haltung bewahren: abschließende Vitalisierungs- und Haltungsübung*

Ausgangsposition: Stehen Sie mit den Füßen etwas mehr als schulterbreit auseinander, die Fußspitzen weisen leicht nach außen, die Knie sind nicht ganz durchgestreckt. Die Ellbogen befinden sich seitlich vom Oberkörper, wobei Ober- und Unterarm einen rechten Winkel bilden. Die Handflächen weisen nach vorne, die Finger nach oben.

Atmung: Atmen Sie aus, während Sie sich in die untere Kniebeugenstellung begeben. Mit der Einatmung kehren Sie in die Ausgangsposition zurück.

Ausführung: Gehen Sie aus der Ausgangsposition heraus mit der Ausatmung ganz langsam in die untere Kniebeugenstellung, als würden Sie auf einem Pferd reiten. Gleichzeitig mit dem
Beugen der Knie strecken Sie die Arme unter Kraftanwendung ebenfalls
ganz langsam geradewegs nach vorn, als
müssten Sie ein schweres Gewicht vorwärts schieben (s. Abb.).

Mit der Einatmung kehren Sie in die
Ausgangsposition zurück. Die Übung
acht- bis zehnmal langsam und gleichmäßig durchführen. Spannen Sie die
Schultern nicht an und achten Sie darauf, dass der Rücken gerade bleibt.

Besonderer Hinweis: Diese Übung
aus der fernöstlichen Medizin können
Sie auch zwischendurch ausführen,
um Energie zu tanken und sich zu
sammeln. Üben Sie dann etwas länger.

ÜBUNG 20 *Cool-down*

Wenn Sie diese Übungsserie richtig durchgeführt haben, sind alle wichtigen Par-
tien Ihres Körpers gedehnt und gekräftigt worden. Da es sich um ein leichteres
Programm handelt, genügt zum Abschluss auch das folgende kurze Cool-down.

Ausführung: Kreisen Sie zum Abschluss der Übungsserie mehrere Male mit den
Füßen, den Knien, dem Becken und den Schultern in jede Richtung. Im Anschluss
daran etwa zehnmal mit den nicht ganz gestreckten Armen nach vorne und nach
hinten kreisen. Beginnen Sie mit kleinen Armkreisen, die allmählich größer werden. Lockern Sie noch Hand- und Fingermuskulatur, indem Sie Hände und Finger gründlich ausschütteln. Nun die Arme locker vor- und wieder zurückschwin-
gen und dabei in den Knien mitfedern. Zuletzt Arme und Beine ausschütteln.

Programm II
für den mittleren Fitnessgrad

Die zweite Übungsserie stellt ein umfangreiches Programm zur Dehnung und Kräftigung des ganzen Körpers dar. Als Fitnessanfängerin sollten Sie sich mit der ersten Übungsserie eine gewisse Grundfitness aneignen, bevor Sie mit diesem Programm beginnen. Sinnvoll ist es, zum Beispiel schon vorher anspruchsvollere Kräftigungs- und Dehnungsübungen für die Bauch- oder Rückenmuskeln aus dem zweiten Programm in das erste einzufügen oder einfachere Übungen durch schwierigere zu ersetzen und auf diese Weise Ihrem eigenen individuellen Tempo entsprechend den Schwierigkeitsgrad zu erhöhen. Erinnern Sie sich an das Leitmotiv der allmählichen, aber stetigen Forderung.

Sportlich aktive Frauen können direkt mit der zweiten Übungsserie beginnen. Trainieren Sie nach dem gleichen Prinzip wie beim ersten Programm, das heißt, dass Sie mit fortschreitender Fitness schwierigere Übungen aus der dritten Serie einfügen. Die verschiedenen Programme enthalten auch zahlreiche Übungen, die jeweils die gleichen Körperpartien dehnen oder kräftigen. Auf diese Weise haben Sie die Möglichkeit zur Abwechslung. Experimentieren Sie aber auch mit Übungen aus dem ersten Programm, besonders mit denjenigen, die Vitalität und Gesundheit fördern.

Zu empfehlen ist, dass Sie das Übungsprogramm erst einmal auf dem einfachsten Level, also mit wenig Wiederholungen mehrmals durchtrainieren, sodass Sie ein Gefühl dafür bekommen. Im Laufe der Zeit können Sie dann die Übungen betonen, die für Sie besonders wichtig sind.

Hinweis: Für Übungen des ersten Programms, die sich im zweiten wiederholen, wird dort nurmehr eine kurze Anleitung gegeben. Ausführliche Informationen dazu finden Sie unter dem entsprechenden Seitenverweis.

Die Vorbereitung

Wie im ersten Programm steht am Anfang auch hier wieder die mentale und körperliche Trainingsvorbereitung. Zunächst eine vorbereitende Atemübung.

Die Flügel weit machen:
tief atmen und die Brustmuskulatur dehnen

Ausgangsposition: Stellen Sie die Füße entspannt, parallel und schulterbreit auseinander auf. Die Knie leicht beugen. Halten Sie die Arme mit angewinkelten Ellbogen so vor die Brust, dass sich die Fingerspitzen leicht berühren und die Handflächen nach unten weisen.

Atmung: Atmen Sie ein, während Sie die Arme ausstrecken, und aus, wenn Sie in die Ausgangsposition zurückkehren.

Ausführung: Atmen Sie im schulterbreiten Stand tief, aber ohne Anstrengung, durch die Nase in den Bauch ein und strecken Sie gleichzeitig die angewinkelten Arme langsam schräg nach außen und oben. Heben Sie die Fersen dabei so weit wie möglich vom Boden ab (s. Abb.). Die Handflächen der gestreckten Arme weisen am Ende der Bewegung nach vorne. Mit der Ausatmung kehren Sie wieder in die Ausgangsposition zurück, indem Sie die Fersen senken und die Arme vor die Brust führen. Führen Sie die Arme in einem ruhigen und gleichmäßigen Fluss zehn- bis zwanzigmal nach außen und wieder vor die Brust.

Besonderer Hinweis: Die Übung fördert eine tiefe Atmung, da der Brustkorb gedehnt wird. Sie können an dieser Stelle aber auch die vorbereitende Übung aus dem ersten Programm durchführen. Sie hat einen stärker harmonisierenden und meditativen Effekt.

Das Warm-up

Bereiten Sie sich nun körperlich durch ein kurzes Warm-up auf das Übungsprogramm vor. Laufen Sie mehrere Minuten lang weich und locker auf der Stelle, joggen oder walken Sie an der frischen Luft oder fahren Sie zehn Minuten Fahrrad. Bewegen Sie sich in einem Tempo, bei dem Sie sich noch ohne weiteres unterhalten könnten. Das ist ein verlässliches Maß für das individuelle Aufwärmen.

Wenn Sie das Warm-up zu Hause durchführen, lesen Sie sich das Beispiel im ersten Übungsteil auf S. 52 durch. Der einzige Unterschied für das zweite Programm besteht in der etwas längeren Aufwärmzeit. Laufen Sie jetzt drei bis fünf Minuten lang auf der Stelle. Sie können die Anforderungen erhöhen, wenn Sie während der letzten Minute des Laufens die Knie bei jedem Schritt so hoch wie möglich ziehen.

Im Anschluss an die Aufwärmphase beginnen Sie mit den Dehnungsübungen der zweiten Übungsserie.

Übungsserie II

ÜBUNG 1   *Immer schön locker bleiben – mit den Gelenken kreisen: die Gelenke und die sie umgebende Muskulatur aufwärmen*

Ausgangsposition: Für die meisten Gelenkkreisbewegungen dient der schulterbreite Stand als Ausgangsposition. Stellen Sie die Füße parallel. Der Rücken ist gerade, die Knie sind leicht gebeugt. Die Arme hängen entspannt neben dem Körper herab.

Atmung: Atmen Sie ruhig und langsam durch die Nase ein und aus. Spezielle Hinweise zur Atmung finden Sie in der ausführlichen Beschreibung auf S. 45.

Ausführung: Beginnen Sie damit, je dreimal den Kopf vor- und zurückzubeugen. Dann den Kopf jeweils dreimal nach links und rechts neigen. Nun ebenfalls je dreimal den Kopf nach links und rechts drehen. Zum Schluss den Kopf nur mit seinem Eigengewicht ganz langsam zuerst in die eine Richtung, dann in die andere Richtung jeweils zweimal kreisen lassen. Achtung: Die Kopfkreisbewegung nicht bei Beschwerden der Halswirbelsäule durchführen!

Kreisen Sie zehnmal ganz langsam mit beiden Schultern nach vorne, dann zehnmal nach hinten. Halten Sie dabei Schulter- und Armmuskulatur möglichst locker.

Geben Sie die Hände auf die Hüften und kippen Sie das Becken mindestens je sechsmal nach vorne und nach hinten.

Belassen Sie die Hände auf den Hüften und kreisen Sie mindestens achtmal mit dem Becken erst in die eine, dann in die entgegengesetzte Richtung. Beschreiben Sie die Kreise möglichst groß. Beugen Sie die Hände in den Handgelenken mehrmals nach oben und nach unten. Fassen Sie dann einen Arm knapp oberhalb des Handgelenks und kreisen Sie sechsmal in die eine und sechsmal in die andere Richtung. Mit dem anderen Handgelenk in der gleichen Weise kreisen.

Reiben Sie die Knie ab. Stellen Sie dann beide Füße parallel eng nebeneinander und kreisen Sie mit den Knien mindestens achtmal in jede Richtung. Heben Sie ein Bein ab. Ziehen Sie den Fuß im Fußgelenk nach oben und beugen Sie ihn im Gelenk nach unten, jeweils so weit wie möglich. Dann das Gleiche mit dem anderen Fuß durchführen. Zum Abschluss kreisen Sie langsam mit einem Fußgelenk mindestens achtmal in jede Richtung. Nun mit dem anderen Fuß kreisen.

Übungsvariante zur Lockerung und Aufwärmung der Kniegelenke: Nimmt Ihre Fitness zu, können Sie zur Abwechslung die folgende Übung zur Lockerung und Aufwärmung der Kniegelenke einfügen. Sie kräftigt auch die Bein- und Gesäßmuskulatur: Stehen Sie mit parallelen Füßen, die Beine dicht beieinander. Beugen Sie nun den Oberkörper etwas nach vorne und legen Sie die Hände auf die Knie. Gehen Sie so tief wie möglich in die Hocke, ohne die Fersen dabei abzuheben. Dann die Beine wieder strecken und die Knie mit den Händen noch ein wenig stärker durchdrücken. Der Oberkörper bleibt während der Übung nach vorne gebeugt, die Handflächen auf den Knien. Je tiefer Sie in die Hocke gehen, desto anspruchsvoller ist die Übung. Wenn es nicht anders geht, können Sie in der Hocke auch die Fersen abheben. Die Knie etwa zehnmal beugen und strecken.

Besonderer Hinweis: Eine genaue Anleitung und einige zusätzliche Übungen zur Aufwärmung und Lockerung der Gelenke finden Sie in der ersten Übungsserie unter Übung 1.

ÜBUNG 2 *Mit den Füßen wippen: die Fuß- und Unterschenkelmuskulatur kräftigen*

Ausgangsposition: Stehen Sie mit parallelen, nicht ganz schulterbreit gespreizten Beinen. Der Rücken ist gerade, die Arme hängen entspannt seitlich herab. Die Knie leicht beugen.

Atmung: Atmen Sie ruhig und gleichmäßig.

Ausführung: Stellen Sie sich aus der Ausgangsposition mit parallelen Füßen heraus abwechselnd auf die Zehen und Fersen. Wippen Sie auf diese Weise zwanzigmal hin und her. Den Oberkörper dabei möglichst gerade halten.

Besonderer Hinweis: Diese Übung ist im Warm-up-Beispiel der ersten Übungsserie enthalten. Haben Sie sie beim Aufwärmen bereits durchgeführt, entfällt sie an dieser Stelle.

Eine anspruchsvollere Übung für den gleichen Zweck, die auch noch effektiv Achillessehne und Wadenmuskulatur dehnt, finden Sie in der dritten Übungsserie unter Übung 4.

ÜBUNG 3   *Sich im Rücken wohlfühlen I: die Wirbelsäule und die Hüften bewegen und dehnen*

Ausgangsposition: Stehen Sie schulterbreit, mit geradem Rücken und parallelen Füßen.

Atmung: Atmen Sie ruhig und gleichmäßig. Bei den Dehnungen ausatmen, beim Aufrichten in die Ausgangsposition einatmen.

Ausführung: Beugen Sie sich im schulterbreiten Stand aus der Hüfte heraus so weit wie möglich nach vorne, bis Sie bestenfalls mit beiden Handflächen den Boden erreichen. Atmen Sie während der Abwärtsbewegung aus und richten Sie sich mit der Einatmung wieder auf.

Dann die Hände in den unteren Rücken im Bereich der Nieren stützen und sich mit der nächsten Ausatmung so weit wie möglich nach hinten strecken, ohne dass es Ihnen unangenehm wird. Mit der nächsten Einatmung in die Ausgangsposition zurückkehren.

Dehnen Sie dreimal nach vorne und dreimal nach hinten. Führen Sie die Bewegungen langsam, weich und fließend im Atemrhythmus aus.

Besonderer Hinweis: Eine besonders ausführliche Beschreibung finden Sie im ersten Übungsteil unter Übung 2 (S. 57 f.). Intensivieren können Sie diese Dehnübung, wenn Sie in der größtmöglichen Dehnung für ein bis zwei Atemzüge verharren.

ÜBUNG 4   *Sich im Rücken wohlfühlen II: die Oberkörpermuskulatur dehnen*

Ausgangsposition: Stehen Sie etwas mehr als schulterbreit mit parallelen Füßen und leicht gebeugten Knien.

Atmung: Atmen Sie ruhig und gleichmäßig im Einklang mit der Bewegung.

Ausführung: Aus der Ausgangsposition heraus eine Hand über den Kopf führen und den Oberkörper in diese Richtung neigen. Der herabhängende Arm zieht gleichzeitig nach unten. Kurz in der Dehnung bleiben, dann neigen Sie sich zur anderen Seite hin. Auf jede Seite mindestens viermal dehnen ohne nachzuwippen.

Besonderer Hinweis: Beachten Sie die ausführliche Beschreibung im ersten Übungsteil unter Übung 3.

ÜBUNG 5   *Sich im Rücken wohlfühlen III: den Oberkörper drehen*

Ausgangsposition: Nehmen Sie den schulterbreiten Stand ein. Der Rücken ist gerade, die Füße sind parallel, die Arme hängen entspannt herab. Die Knie leicht beugen.

Atmung: Atmen Sie ruhig und entspannt im Bewegungsrhythmus.

Ausführung: Drehen Sie sich langsam sechs- bis achtmal nach links, dann nach rechts. Der Bewegungsimpuls rührt dabei von den Oberschenkeln. Hüften, Oberkörper und Arme folgen von ganz alleine. Nehmen Sie bei jeder Drehung auch den Kopf mit zur Seite und schauen Sie über die Schulter nach hinten.

Besonderer Hinweis: Beachten Sie die ausführliche Übungsbeschreibung in der ersten Serie unter Übung 4.

Übungsvariante: Zur Abwechslung noch eine Übung mit dem gleichen Effekt wie die Oberkörperdrehung: Heben Sie im schulterbreiten Stand beide Arme seitlich waagrecht bis auf Schulterhöhe. Drehen Sie nun Nacken und Taille in jede Richtung sechs- bis achtmal so weit wie möglich zur Seite. Drehen Sie sich ohne Anstrengung mit weicher Bewegung. Treten Schmerzen auf, sollten Sie diese Übung nicht mehr durchführen.

ÜBUNG 6
Die Fäuste ballen:
die Hand- und Unterarmmuskulatur kräftigen

Ausgangsposition: Stehen Sie bequem, mit geradem Rücken und leicht gebeugten Knien.

Atmung: Atmen Sie ruhig und gleichmäßig und verkrampfen Sie sich nicht.

Ausführung: Heben Sie die Arme seitlich neben dem Körper leicht an. Ballen Sie mit Kraftaufwand die Fäuste und strecken Sie die Finger wieder. Zehn- bis zwölfmal auf diese Weise eine Faust machen. Fortgeschrittene ballen noch je achtmal die Fäuste mit gerade nach vorn, nach oben und seitlich in Schulterhöhe ausgestreckten Armen.

Besonderer Hinweis: Eine ausführliche Beschreibung finden Sie im ersten Übungsteil unter Übung 8.

ÜBUNG 7
Die Arme ausbreiten:
die Brustmuskulatur dehnen und kräftigen

Ausgangsposition: Stehen Sie im schulterbreiten Stand, mit parallelen Füßen und leicht gebeugten Knien.

Atmung: Atmen Sie ruhig und gleichmäßig, auch wenn Sie die Übung in schnellerem Tempo durchführen.

Ausführung: Winkeln Sie im schulterbreiten Stand die Ellbogen ab, sodass sich die nach unten gerichteten Handflächen vor der Brust befinden. Führen Sie nun beide Ellbogen mit der Einatmung seitlich nach hinten. Die Hände wieder vor der Brust zusammenbringen und mit der Ausatmung die Arme schräg nach oben wie Flügel ausstrecken (s. Abb. S. 73). Die Handflächen sind dabei nach vorne gerichtet, die Arme gestreckt. Sie können sich auch jedes Mal, wenn Sie die Arme ausstrecken, auf die Fußballen stellen und auf diese Weise gleichzeitig Fuß- und Unterschenkelmuskulatur trainieren. Wechseln Sie die Bewegungen ab: Ellbogen nach hinten führen, in die Ausgangsstellung zurückkehren, Arme ausstrecken und wieder zurück in die Ausgangsstellung. Die Bewegung zehn- bis zwanzigmal flüssig wiederholen.

Besonderer Hinweis: Fortgeschrittene machen die Übung in schnellem Rhythmus.

ÜBUNG 8   *Die Balance halten:*
der Einbeinstand

Ausgangsposition: Stehen Sie mit geradem Rücken, parallelen Füßen und leicht gebeugten Knien.

Atmung: Atmen Sie ruhig, tief und gleichmäßig.

Ausführung: Aus einem bequemen Stand heraus die Arme in Schulterhöhe waagrecht zur Seite strecken. Die Handflächen weisen nach unten. Ein Bein anheben und dessen Fußsohle an das Knie des Standbeins legen. Atmen Sie ruhig und gleichmäßig und verharren Sie für zwei bis drei Atemzüge in dieser Stellung (s. Abb.). Dann die Arme senken und das Bein wechseln. Die Übung mit jedem Bein zwei- bis dreimal wiederholen. Führen Sie diese Übung langsam und gleichmäßig aus.

Besonderer Hinweis: Jede Form des Einbeinstands schult das Gleichgewicht, entspannt und harmonisiert. Experimentieren Sie mit den verschiedenen Übungsvarianten. Weitere Gleichgewichtsübungen, auch den klassischen Yoga-Einbeinstand, finden Sie in der dritten Übungsserie unter Übung 6 und 7.

Erste Übungsvariante: Die folgende Übung ist eine Variante der vorigen mit genauer Beachtung der Ein- und Ausatmung. Stehen Sie wiederum bequem mit parallelen Füßen. Atmen Sie ein, heben Sie ein Knie an und kreuzen Sie die Arme über der Brust. Die Handflächen weisen dabei zur Brust hin. Nun mit der Ausatmung die Arme ganz langsam nach links und rechts ausstrecken, als würden Sie mit den Handflächen etwas seitlich wegschieben. In der Schlussstellung weisen die Handflächen zur Seite und die gestreckten Finger nach oben. Sie können die Fußsohle des angehobenen Beins auch wie zuvor an das Knie des Standbeins legen, anstatt nur das Knie anzuheben. Für ein bis zwei Atemzüge lang in dieser Stellung verharren, dann mit der nächsten Einatmung die Hände kreuzen, das angehobene Bein senken und das andere Bein heben. Die Übung in diesem Atemrhythmus mehrmals wiederholen.

Zweite Übungsvariante: Der Yoga-Einbeinstand. Eine etwas anspruchsvollere Gleichgewichtsübung ist der Yoga-Einbeinstand. Überkreuzen Sie wie zuvor mit der Einatmung die Hände vor der Brust und führen Sie sie beim Ausatmen langsam nach außen. Den Fuß des angehobenen Beins legen Sie aber diesmal über dem leicht gebeugten Knie des Standbeins ab, sodass die Fußsohle genau nach oben zur Decke gerichtet ist. Der Unterschenkel befindet sich dann parallel zum Boden oder weist schräg nach oben (je nach seiner Länge und Ihrer Dehnbarkeit). In dieser Stellung bleiben und mehrere ruhige Atemzüge durchführen, dann das Bein wechseln.

| ÜBUNG 9 | *Nach dem Mond sehen:* *die Wirbelsäule, den Rücken und die Hüften* *dehnen und kräftigen* |

Ausgangsposition: Nehmen Sie die in Übung 11 beschriebene Hockstellung ein. Die Füße stehen etwa in doppelter Schulterbreite auseinander, wobei die Fußspitzen etwa 45 Grad nach außen weisen. Wählen Sie die Höhe der Stellung so, dass sie Ihnen noch leicht fällt. Der Winkel zwischen Ober- und Unterschenkeln sollte dabei etwas mehr als 90 Grad betragen. Formen Sie mit den Armen vor der Brust einen Halbkreis, sodass die Fingerspitzen zueinander zeigen und die Handflächen nach außen weisen.

Atmung: Beugen Sie sich mit der Einatmung nach unten. Atmen Sie aus, während Sie sich nach hinten drehen, und halten Sie diese Position ein bis zwei Atemzüge lang. Bewegen Sie sich mit einer beginnenden Einatmung wieder nach unten, mit der nächsten Ausatmung drehen Sie sich auf die andere Seite.

Ausführung: Nehmen Sie die Hockstellung ein und bilden Sie mit den Armen vor der Brust einen Halbkreis, wobei die Handflächen nach außen weisen (s. Abb. 1).

Beugen Sie mit der Einatmung, mit möglichst geradem Rücken, aus der Hüfte heraus den Oberkörper nach vorne, bis sich die Hände knapp über dem Boden befinden. Die Arme bilden immer noch einen Halbkreis. Beginnen Sie jetzt mit der Ausatmung und verlagern Sie Ihr Gewicht auf das linke Bein. Führen Sie die

Hände in der beschriebenen Haltung ebenfalls dahin und drehen Sie gleichzeitig den rechten Fuß auf der Ferse mit den Zehen nach innen. Nun weiter ausatmen, den Oberkörper anheben und beide Beine strecken. Immer noch ausatmend, beginnen Sie, sich nach links zu drehen (s. Abb. 2 auf S. 81).

Drehen Sie zuerst die Hüfte, dann den Rücken so weit wie möglich nach links, aber ohne Anstrengung. Ziehen Sie mit dem linken Ellbogen weit nach hinten, wobei sich der rechte Ellbogen entspannt nach unten senkt. Halten Sie diese Position ein bis zwei Atemzüge lang. Dann bewegen Sie sich mit einer beginnenden Einatmung langsam nach unten, wobei die Arme wieder einen kompletten Halbkreis bilden. Die Fußspitzen stellen Sie erneut in einem Winkel von 45 Grad nach außen.

Wenn Sie mit der nächsten Ausatmung beginnen, verlagern Sie Ihr Gewicht auf das rechte Bein, heben den Oberkörper an und drehen sich immer noch ausatmend wie zuvor beschrieben auf die rechte Seite. Führen Sie diese bogenförmige Bewegung auf jede Seite zwei- bis dreimal aus.

Besonderer Hinweis: Diese Übung stammt aus dem reichhaltigen Schatz asiatischer Dehnungs- und Gesundheitsübungen. Sie stimuliert gezielt verschiedene Meridiane, besonders die der Gallenblase, der Milz und der Nieren, wodurch Vitalität und Wohlbefinden gesteigert werden. Sie verbessert die Durchblutung, vor allem zum Kopf hin, kräftigt die Nerven und lindert oft Rückenschmerzen.

Achten Sie bei dieser Übung darauf, den Rücken möglichst entspannt zu lassen. Wie jede Übung mit Wirbelsäulenverdrehung sollten Sie auch diese nur sehr vorsichtig durchführen, wenn Sie unter Rückenbeschwerden leiden.

ÜBUNG 10 *Three in One: im Stehen Fahrrad fahren und dabei Beine, Po und Gleichgewicht trainieren*

Ausgangsposition: Stehen Sie mit parallelen Füßen und ballen Sie die Fäuste auf Hüfthöhe.

Atmung: Ziehen Sie beim Einatmen das Knie zu sich heran und nach oben. Während der Ausatmung strecken Sie das Bein nach vorne und senken es ab. Atmen Sie ruhig und gleichmäßig.

Ausführung: Heben Sie das linke Bein an und ziehen Sie das Knie langsam so weit wie möglich nach oben zur Brust hin, während Sie einatmen. Achten Sie darauf, dass der Rücken gerade bleibt. Beginnen Sie mit der Ausatmung und strecken Sie das Bein mit der Ferse voran nach vorne aus (s. Abb. 1). Atmen Sie weiter aus und senken Sie dabei das gestreckte Bein ab. Mit der nächsten Einatmung senken Sie den Unterschenkel und ziehen das Knie an den Körper heran und nach oben (s. Abb. 2).

Das Knie noch weiter hochziehen und auf diese Weise eine Kreisbewegung durchführen. Bewegen Sie sich gleichmäßig, im ruhigen Atemrhythmus. Die Zehen sind während der gesamten Übung angezogen. Führen Sie die Radfahrbewegung einige Male durch. Wechseln Sie dann die Richtung, indem Sie das gestreckte Bein mit der Ausatmung anheben, es beim Einatmen anwinkeln und zur Brust ziehen und mit der Ausatmung wieder zum Boden strecken. Ebenfalls einige Male durchführen, dann das Bein wechseln.

Besonderer Hinweis: Wie bei vielen anderen Übungen fördert der richtige Atemrhythmus den Nutzeffekt der Übung und stärkt Ihre Gesundheit.

ÜBUNG 11

Formt jedes Bein und jeden Po und macht stark: die Hockstellung

Ausgangsposition: Nehmen Sie einen Stand von etwa doppelter Schulterbreite ein. Die Fußspitzen zeigen in einem Winkel von 45 Grad nach außen, die Hände befinden sich auf den Hüften. Halten Sie den Rücken gerade und den Kopf aufrecht.

Atmung: Atmen Sie ruhig und gleichmäßig. Bewegen Sie sich mit der Ausatmung nach unten, verharren Sie dort zwei bis drei Atemzüge lang und richten Sie sich mit einer Einatmung wieder auf.

Ausführung: Aus der doppelt schulterbreiten Ausgangsposition heraus gehen Sie langsam, so tief Sie können, in die Hockstellung. Der Winkel zwischen Ober- und Unterschenkeln sollte etwas mehr als 90 Grad betragen, da sonst die Knie sehr stark belastet werden. Verlieren Sie nicht das Gleichgewicht und verkrampfen Sie sich nicht. Achten Sie darauf, dass Sie sich in der Hocke nicht mit dem Oberkörper nach vorne beugen, und bilden Sie kein Hohlkreuz, indem Sie den Po nach hinten strecken. Bleiben Sie zwei bis drei Atemzüge lang in der unteren Stellung, dann bewegen Sie sich wieder langsam nach oben, bis die Knie gerade sind. Die Übung mehrmals wiederholen.

Besonderer Hinweis: Die Hockstellung wird in vielen Kampfkünsten zur Kräftigung der Beine und Förderung einer tiefen Atmung verwendet. Sie heißt auf Japanisch *Shiko-dachi*. Sehr fortgeschrittene Kampfsportler bleiben bis zu einer halben Stunde lang ruhig in dieser Stellung stehen.

Übungsvariante: Dehnen Sie mit fortschreitender Fitness die Zeitspanne der tiefen Hockstellung allmählich aus. Winkeln Sie dann seitlich neben dem Körper die Arme an, sodass sich die Unterarme parallel zum Boden befinden, und ballen Sie die Fäuste (s. Abb.).

Bleiben Sie zehn bis zwanzig Atemzüge lang in der unteren Stellung. Wiederholen Sie die Übung dann nur einmal. Gehen Sie jeweils bis an Ihre Grenze, verkrampfen Sie sich aber nicht dabei. Hals-, Nacken-, Schulter- und Rückenmuskulatur bleiben entspannt. Zum Abschluss lockern Sie die Beine wieder, indem Sie sie gründlich ausschütteln.

ÜBUNG 12 *Die Beine lang machen I: die Beinvorderseite dehnen*

Ausgangsposition: Stehen Sie bequem, mit parallelen Füßen und geradem Rücken.

Atmung: Atmen Sie während der Übung ruhig und gleichmäßig.

Ausführung: Heben Sie ein Bein, beugen Sie den Unterschenkel nach hinten und führen Sie den Fuß nach oben in Richtung Po. Mit der gleichseitigen Hand das Fußgelenk hinten umfassen und den Fuß zu sich an den Körper und gleichzeitig nach oben ziehen. Die Dehnung einige Atemzüge lang halten, dann das Bein wechseln. Jedes Bein zwei- bis dreimal dehnen. Stützen Sie sich mit der freien Hand an einer Säule ab, wenn es Ihnen schwer fällt, das Gleichgewicht zu wahren.

Besonderer Hinweis: Halten Sie den Rücken während der Übung gerade und entwickeln Sie kein Hohlkreuz.

Im ersten Übungsprogramm unter Übung 10 finden Sie eine ausführliche Beschreibung der vereinfachten Übung.

ÜBUNG 13 — *Die Beine lang machen II: die Beinrückseite dehnen*

Ausgangsposition: Stehen Sie mit parallelen Füßen, geradem Rücken und stützen Sie die Hände seitlich auf die Hüften.

Atmung: Atmen Sie ruhig und gleichmäßig.

Ausführung: Machen Sie aus dem entspannten Stand heraus einen Ausfallschritt nach vorne und setzen Sie das vordere Bein mit der Ferse auf. Beugen Sie nun das hintere Bein im Knie nach unten und gleichzeitig den Oberkörper aus der Hüfte heraus nach vorne, bis Sie in der Beinrückseite eine Dehnungsspannung spüren (s. Abb.).
    Verharren Sie zwei bis drei Atemzüge lang in der Dehnungsspannung, dann wechseln Sie das Bein. Jedes Bein zwei- bis dreimal dehnen. Je nach Größe des Ausfallschrittes können Sie die Dehnungsintensität dosieren.

Besonderer Hinweis: Halten Sie während der Übung den Rücken gerade. Zwei alternative Dehnungsübungen für den gleichen Zweck finden Sie in der ersten Übungsserie unter Übung 11 und in der dritten Serie unter Übung 10.

ÜBUNG 14 *Straffer Po und schöne Beine: Kniebeugen*

Ausgangsposition: Stehen Sie aufrecht, mit parallelen Füßen, etwas mehr als schulterbreit und verschränken Sie die Arme im Nacken.

Atmung: Beugen Sie die Knie im Einklang mit der Atmung, halten Sie weder die Luft an noch pressen Sie sie.

Ausführung: Führen Sie mit gerader Wirbelsäule und leicht nach vorne gebeugtem Oberkörper schnelle Kniebeugen durch. Gehen Sie schnell und tief nach unten und genauso schnell wieder nach oben. Den Oberkörper dabei nicht anspannen und nicht verkrampfen. Achten Sie darauf, dass die Oberschenkel in der unteren Stellung nicht tiefer als parallel zum Boden sind. Beginnen Sie mit mindestens zwanzig Kniebeugen und steigern Sie die Anzahl im Laufe der Zeit nach Bedarf bis auf einhundert.

Besonderer Hinweis: Im Laufe dieses Übungsprogramms wurde die Bein- und Pomuskulatur schon auf verschiedene Weise gekräftigt. Aus diesem Grund sollten Sie die Kniebeugen tatsächlich nur schnell und weich ausführen und nicht langsam wie in der ersten Übungsserie beschrieben.

ÜBUNG 15 *Mit dem Rücken Wurzeln schlagen: die Leisten und Oberschenkelmuskulatur dehnen*

Ausgangsposition: Setzen Sie sich auf den Boden, legen Sie die Fußsohlen aneinander und ziehen Sie sie so nahe wie möglich zum Körper heran.

Atmung: Atmen Sie ruhig, tief und gleichmäßig.

Ausführung: Umfassen Sie die Fußgelenke der zum Körper gezogenen Füße mit den Händen und dehnen Sie Leisten und Oberschenkel, indem Sie die Oberschenkel mit Ellbogen und Unterarmen zum Boden drücken. Bleiben Sie ein bis zwei Atemzüge lang in der Dehnungsspannung, dann wieder entspannen. Halten Sie bei dieser Übung den Rücken gerade, machen Sie kein Hohlkreuz und beugen Sie sich nicht nach vorne.

Mehrmals mit Gefühl die Oberschenkel zum Boden drücken, die Spannung halten und wieder entspannen.

Besonderer Hinweis: Anstelle dieser und der beiden folgenden Übungen können Sie auch die Meridiandehnungen für Herz/Dünndarm, Niere/Blase und Leber/Gallenblase der dritten Übungsserie durchführen, wie sie in Übung 5 im Übungsteil III (ab S. 105) beschrieben werden.

ÜBUNG 16 *Nach den Zehen greifen im Langsitz: die Bein-, Hüft- und Oberkörpermuskulatur dehnen*

Ausgangsposition: Setzen Sie sich in den Langsitz, die Beine befinden sich nach vorne gestreckt nebeneinander, die Zehen zeigen in Richtung Oberkörper.

Atmung: Beugen Sie sich mit der Ausatmung nach vorne und bleiben Sie ein bis drei Atemzüge lang in der größtmöglichen Dehnungsspannung. Kehren Sie mit der Einatmung wieder in die Ausgangsposition zurück.

Ausführung: Beugen Sie sich aus dem Langsitz heraus mit der Ausatmung so weit wie möglich nach vorne. Versuchen Sie mit den gerade nach vorn gestreckten Händen die Füße zu umfassen. Die Beugung geschieht aus der Hüfte heraus, der Rücken bleibt möglichst gerade dabei. Die Knie sind durchgestreckt, die Zehen weisen während der Dehnung in Richtung Körper. Bleiben Sie ein bis drei Atemzüge lang in der größtmöglichen Dehnung und kehren Sie mit der nächsten Einatmung in die Ausgangsposition zurück. Dehnen Sie zwei- bis dreimal auf diese Weise. Wenn Sie die Füße nicht mit den Händen erreichen, verharren Sie einige Atemzüge lang mit nach vorne gestreckten Armen in der größtmöglichen Dehnung. Bewegen Sie sich gleichmäßig, ohne übermäßige Anstrengung.

Besonderer Hinweis: Eine für den gleichen Zweck bewährte Übung ist die Dehnung der Arme und Beine (Nieren- und Blasenmeridian) in der dritten Übungsserie, die in Übung 5 (ab S. 105) beschrieben wird.

ÜBUNG 17 *Nach den Zehen greifen im Grätschsitz: die Bein-, Hüft- und Oberkörpermuskulatur dehnen*

Ausgangsposition: Spreizen Sie im Sitzen die Beine so weit wie möglich auseinander.

Atmung: Atmen Sie während der Dehnung aus, bleiben Sie einige Atemzüge in der größtmöglichen Dehnungsspannung und kehren Sie mit der Einatmung wieder in die Ausgangsposition zurück.

Ausführung: Strecken Sie die Arme nach vorne und neigen Sie den Oberkörper im Grätschsitz langsam mit der Ausatmung so weit wie möglich nach vorne. Die Beugung geschieht aus der Hüfte heraus, der Oberkörper bleibt möglichst gerade. Einige Atemzüge lang in der größtmöglichen Dehnung verharren, dann mit der Einatmung in die Ausgangsposition zurückkehren. Neigen Sie sich beim nächsten Ausatmen nach rechts und versuchen Sie mit den Fingerspitzen die Richtung Körper gezogenen Zehen zu berühren. Wiederum einige Atemzüge lang in der größtmöglichen Dehnungsspannung bleiben, dann in die Ausgangsposition zurückkehren. Mit der nächsten Ausatmung neigen Sie sich nach links. Verharren Sie wieder einige Atemzüge lang in der größtmöglichen Dehnung, dann kehren Sie in den Grätschsitz zurück. Wiederholen Sie diese drei Dehnungen noch einmal. Führen Sie die Übung langsam und gleichmäßig durch und verkrampfen Sie nicht dabei.

Besonderer Hinweis: Eine spezifischere, etwas anspruchsvollere Übung für den gleichen Zweck ist die Dehnung des Leber- und Gallenblasenmeridians, die in der dritten Übungsserie in Übung 5 beschrieben wird.

ÜBUNG 18 *Alle auf einen Streich: mit Liegestützen die gesamte Körpermuskulatur kräftigen*

Ausgangsposition: Legen Sie sich flach auf den Bauch. Die Zehen sind aufgestellt, die Hände ruhen neben dem oberen Brustkorb flach auf dem Boden, wobei die Finger leicht nach innen und Richtung Kopf weisen. Stemmen Sie sich nun mit der Kraft Ihrer Arme nach oben, bis diese fast gestreckt sind und Wirbelsäule, Becken und Fersen eine gerade Linie bilden. Das ist die obere Stützstellung.

Atmung: Atmen Sie ruhig und gleichmäßig, auch wenn Ihnen dies nicht ganz leicht fallen wird. Halten Sie die Luft nicht an und pressen Sie sie nicht (s. S 47).

Atmen Sie während der Stütze aus und in der oberen Stellung ein. Versuchen Sie auch bei schnelleren Stützvarianten in einen gleichmäßigen Atemrhythmus zu kommen.

Ausführung: Begeben Sie sich in die obere Stützstellung. Senken Sie sich nun langsam ab, bis Ober- und Unterarm einen rechten Winkel bilden, dann stemmen Sie sich wieder nach oben. Senken Sie sich nicht weiter ab, da sonst die Ellbogengelenke zu stark belastet werden. Achten Sie darauf, dass der Körper möglichst gerade bleibt. Beginnen Sie abhängig vom Trainingszustand mit fünf bis zehn Liegestützen und steigern Sie die Anzahl im Laufe der Zeit. Eine Abbildung in der unteren Stützstellung auf der Faust finden Sie in der dritten Übungsserie auf S. 120.

Besonderer Hinweis: Liegestützen kräftigen mehrere Muskelpartien gleichzeitig. Eine einfachere Stützvariante finden Sie in der ersten Übungsserie unter Übung 13, schwierigere Varianten in der dritten Serie unter Übung 16.

Liegestützvariante zur Entwicklung der Armmuskelschnellkraft: Begeben Sie sich in die zuvor beschriebene obere Stützstellung. Senken Sie Ihren Körper nun nicht ganz so weit ab, sondern führen Sie dynamische, schnelle Pumpbewegungen durch. Beginnen Sie mit zehn bis zwanzig schnellen Stützen und steigern Sie allmählich auf vierzig bis fünfzig.

ÜBUNG 19   *Heben Sie ab: Übungsserie zur Kräftigung der Po- und Rückenmuskulatur*

Ausgangsposition: Grundlegende Ausgangsstellung für die folgenden Kräftigungsübungen ist die Bauchlage. Die Beine liegen dabei gestreckt nebeneinander.

Atmung: Atmen Sie ruhig und gleichmäßig und halten Sie nicht die Luft an, wenn Sie die Übung durchführen.

Ausführung:
a) Stemmen Sie in Bauchlage die Fußspitzen gegen den Boden, spannen Sie Ihren Po an und heben Sie langsam beide nach vorn gestreckten Arme einige Zentimeter vom Boden ab. Halten Sie die Spannung ein bis drei Atemzüge lang, dann legen Sie die Arme wieder ab. Wiederholen Sie diese Übung drei-

bis viermal. Achten Sie darauf, nicht die Halswirbelsäule zu überstrecken, indem Sie den Kopf zu weit abheben.

b) Legen Sie nun wiederum in Bauchlage die Stirn auf die Handrücken der angewinkelten Arme. Heben Sie die gestreckten Beine einige Zentimeter vom Boden ab. Die Spannung ein bis drei Atemzüge lang halten und wieder lösen. Ebenfalls drei- bis viermal wiederholen (s. a. leichtere Übungsvariante unten).

c) Heben Sie jetzt langsam den rechten, nach vorn gestreckten Arm und das linke gestreckte Bein vom Boden ab. Einige Atemzüge lang die Spannung halten, dann wieder lösen und Arm und Bein ablegen. Wiederholen Sie die Übung, anschließend wechseln Sie die Seite.

d) Zuletzt verschränken Sie in Bauchlage die Arme hinter dem Kopf. Nun den Oberkörper einige Zentimeter vom Boden abheben, dann ein Bein heben, bis das Knie keinen Kontakt mehr mit dem Boden hat. Die Spannung einige Atemzüge lang halten, das Bein – nicht den Oberkörper! – wieder ablegen und das andere Bein heben. Jedes Bein zweimal heben (s. a. anspruchsvollere Übungsvariante unten).

Besonderer Hinweis: Achten Sie bei diesen Übungen darauf, dass die Hüfte am Boden liegen bleibt. Sollten Schmerzen im Rückenbereich auftreten, brechen Sie die Übung ab. Rückenschonender können Sie die Muskeln kräftigen, wenn Sie ein kleines Kissen oder ein gefaltetes Handtuch unter Unterbauch und Hüften legen. Auf diese Weise schonen Sie die bei vielen Menschen verspannte Muskulatur der unteren Rückenstrecker. Eine dauernde Überspannung dieser Muskulatur begünstigt die Ausbildung eines Hohlkreuzes, eine häufige Ursache von Rückenbeschwerden.

Eine einfache Rückenkräftigungsübung können Sie in der ersten Übungsserie unter Übung 18 nachlesen.

Eine leichtere Übungsvariante: Leichter und auch rückenschonender ist Übungsteil b, wenn Sie stattdessen nur jeweils ein Bein abheben und dann die Spannung halten.

Eine anspruchsvollere Übungsvariante: Anspruchsvoller ist der Übungsteil d, wenn Sie das abgehobene Bein mehrmals heben und senken, ohne das Bein ganz abzusenken und in der Spannung nachzulassen.

ÜBUNG 20 *Kugeln Sie sich: den Rücken dehnen und abrollen*

Ausgangsposition: Legen Sie sich auf den Rücken und winkeln Sie beide Beine an.

Atmung: Atmen Sie ruhig und gleichmäßig. Halten Sie nicht die Luft an, während Sie dehnen.

Ausführung: Umfassen Sie in Rückenlage die angewinkelten Beine mit den Händen an den Knien oder Oberschenkelrückseiten und ziehen Sie die Beine so weit wie möglich in Richtung Brust. Heben Sie gleichzeitig den Kopf an. Halten Sie die Spannung ein bis drei Atemzüge lang, dann locker lassen. Dehnen Sie zwei- bis dreimal.

Halten Sie die Beine im Anschluss daran an der Brust fest, heben Sie den Kopf und rollen Sie auf der Wirbelsäule einige Male entspannt vor und zurück. Führen Sie die letzte Übung nur auf einer entsprechenden Unterlage wie einer Gymnastikmatte oder einem dicken Teppich aus.

Besonderer Hinweis: Einfacher ist der erste Teil dieser Übung, wenn Sie den Kopf am Boden lassen und nur die Knie hochziehen.

ÜBUNG 21 *Machen Sie den Bauch frei I: Sit-ups*

Ausgangsposition: Legen Sie sich mit angewinkelten Beinen auf den Rücken. Die Fersen sind auf den Boden gestellt, die Zehen nach oben gezogen.

Atmung: Rollen Sie mit der Ausatmung die Schultern hoch, atmen Sie ein, wenn Sie sie ablegen.

Ausführung: Heben Sie aus der Rückenlage heraus die Beine so an, dass sich die Unterschenkel parallel zum Boden befinden. Nehmen Sie jetzt mit der Ausatmung die Schultern mit nach vorne, parallel zum Boden gestreckten Armen möglichst weit hoch (s. Abb.).

Halten Sie die Spannung einige Atemzüge lang und rollen Sie den Oberkörper wieder in die Ausgangslage zurück. Führen Sie die Bewegung langsam, überwiegend mit der Kraft der Bauchmuskeln aus. Achten Sie darauf, dass der untere

Rücken und das Becken Bodenkontakt behalten. Machen Sie mindestens fünf bis zehn Sit-ups. Im Laufe der Zeit sollten Sie diese Anzahl vergrößern.

Besonderer Hinweis: Intensivieren können Sie diese Übung noch, indem Sie die Schultern nicht komplett ablegen, sondern etwas Spannung beibehalten und den Kopf oben lassen. Besonders für die schnelle Durchführung sollten Sie so verfahren.

Eine einfachere Übungsvariante für die Bauchmuskeln finden Sie in der ersten Übungsserie unter Übung 15 beschrieben.

Übungsvariante: Eine Variante dieser Übung ist, wenn Sie die Sit-ups nach dem gleichen Prinzip, aber schneller durchführen. Mit der Ausatmung aus der Kraft der Bauchmuskeln kurz hochrollen, mit der Einatmung wieder zurück.

ÜBUNG 22 *Machen Sie den Bauch frei II:*
auch die schrägen Bauchmuskeln wollen trainiert sein

Ausgangsposition: Legen Sie sich wieder mit angewinkelten Beinen auf den Rücken. Die Fersen sind auf den Boden gestellt, die Zehen nach oben gezogen.

Atmung: Das gleiche Atmungsprinzip wie vorher: Mit der Ausatmung die Schultern hoch rollen, mit der Einatmung ablegen.

Ausführung: Heben Sie wie zuvor die Beine so an, dass sich die Unterschenkel parallel zum Boden befinden. Nehmen Sie nur eine Schulter vom Boden hoch und führen Sie die gestreckten Arme einmal Richtung linkes, dann Richtung rechtes Knie. Auf jede Seite mindestens fünf- bis zehnmal durchführen.

Besonderer Hinweis: Die schräge Bauchmuskulatur hat wie die gerade Bauchmuskulatur eine große Bedeutung für die Stabilität des Oberkörpers. Um Rückenbeschwerden wirksam vorzubeugen, müssen Rückenmuskeln und, was weniger klar ist, auch sämtliche Bauchmuskeln gekräftigt werden. Rücken- und Bauchmuskeln spielen als wichtigste Stützen unserer Wirbelsäule zusammen und geben ihr erst gemeinsam den richtigen Halt.

Einfachere Übungsvariante: Führen Sie die Übung wie oben angegeben durch. Einziger Unterschied: Die angewinkelten Beine sind mit den Fersen aufgestellt wie bei der Bauchmuskelübung 15 in der ersten Übungsserie (s. Abb.).

ÜBUNG 23 *Machen Sie den Bauch frei III: die Beine kreisen für einen flachen Bauch*

Ausgangsposition: Legen Sie sich auf den Rücken. Die Arme liegen weit ausgebreitet auf dem Boden, die Beine sind leicht gespreizt.

Atmung: Atmen Sie während dieser Übung ruhig und gleichmäßig.

Ausführung: Heben Sie aus der Rückenlage heraus gleichzeitig beide Beine etwa zehn Zentimeter vom Boden ab und lassen Sie sie in der Luft zehn- bis zwanzigmal gegeneinander kreisen. Dann die Beine langsam wieder ablegen. Nach einer kleinen Entspannungspause heben Sie sie erneut und kreisen in der entgegengesetzten Richtung. Achten Sie darauf, dass die Lendenwirbelsäule flach auf dem Boden liegen bleibt, und verkrampfen Sie sich nicht.

Besonderer Hinweis: Diese Übung nicht durchführen, wenn Sie zu Rückenbeschwerden neigen!

ÜBUNG 24 *Mit den Zehen den Himmel berühren: die Bein- und Hüftmuskulatur dehnen*

Ausgangsposition: Legen Sie sich auf die Seite. Stabilisieren Sie sich mit der Hand des oben liegenden Armes am Boden, den anderen Arm nach oben gestreckt auf den Boden legen.

Atmung: Atmen Sie ruhig, tief und gleichmäßig.

Ausführung: Führen Sie in Seitenlage das obere Bein langsam so weit wie möglich nach oben und wieder zurück. Heben Sie das Bein auf jeder Seite mindestens zehnmal.

Besonderer Hinweis: Etwas leichter wird diese Übung, indem Sie das untere Bein anwinkeln. Intensivieren können Sie sie, wenn Sie das Bein schnell auf und ab bewegen, ohne zwischendurch zu entspannen.

ÜBUNG 25 *Der schiefe Turm: die Rücken-, Po- und Beinmuskulatur mit der Schulterbrücke kräftigen*

Ausgangsposition: Legen Sie sich auf den Rücken. Winkeln Sie die Beine an und stellen Sie die Füße auf den Boden. Ziehen Sie die Fußspitzen Richtung Körper, sodass nur noch die Fersen Bodenkontakt haben. Die Arme liegen leicht abgespreizt, mit nach unten gerichteten Handflächen, seitlich neben dem Oberkörper oder Sie verschränken die Hände im Nacken.

Atmung: Achten Sie auf eine ruhige und gleichmäßig fließende Atmung.

Ausführung: Heben Sie aus der oben dargestellten Ausgangsposition heraus den Po so weit vom Boden ab, dass Oberschenkel, Becken und Oberkörper eine gerade Linie bilden und Ober- und Unterschenkel in etwa einen rechten Winkel. Das Gewicht ruht nun auf Schultern und Fersen (s. Abb.).

Diese Position einige Atemzüge lang halten, dann Becken und Gesäß ablegen und kurz entspannen. Dreimal den Po abheben und die Spannung halten. Setzen Sie bei dieser Übung die Kraft der Bauch-, Hüft- und Rückenmuskulatur ein.

Besonderer Hinweis: Wenn Sie den Winkel zwischen Ober- und Unterschenkeln vergrößern, intensivieren Sie diese Übung.

ÜBUNG 26 *Der Fisch: die Wirbelsäule kräftigen und so Po und Rücken stark machen*

Ausgangsposition: Legen Sie sich flach auf den Bauch. Die Arme liegen mit nach oben gerichteten Handflächen seitlich neben dem Oberkörper.

Atmung: Atmen Sie ruhig und gleichmäßig, auch während der Anspannungsphase.

Ausführung: Heben Sie aus der Bauchlage heraus gleichzeitig den Kopf, den oberen Brustkorb und die gestreckten Beine vom Boden ab. Auch die Arme abheben und mit nach oben gewendeten Handflächen nach hinten strecken (s. Abb.).

Beugen Sie den Kopf nicht zu stark nach oben, sonst überstrecken Sie die Halswirbelsäule. Halten Sie die Spannung einige Atemzüge lang, dann ebenso lange entspannen. Wiederholen Sie die Übung zwei- bis dreimal.

Besonderer Hinweis: Diese Übung ist eine abgewandelte Yogaübung aus der chinesischen Kampfkunst. Sie eignet sich gut als Abschlussübung der Dehnungs- und Kräftigungsübungen von Bauch und Rücken. Grundsätzlich sollte eine Vorwärtsdehnung der Wirbelsäule immer mit einer Rückdehnung abwechseln.

ÜBUNG 27 *Kick-it:*
für mehr Standfestigkeit und muskulöse Beine

Ausgangsposition: Stehen Sie mit geschlossenen Beinen, parallelen Füßen, die Fäuste sind auf Hüfthöhe geballt, die Knie leicht gebeugt.

Atmung: Atmen Sie wie immer gleichmäßig und möglichst tief und ruhig.

Ausführung: Heben Sie aus der entspannten Stellung heraus mit der Einatmung das rechte Knie nach oben auf Brusthöhe. Stoßen Sie beim Ausatmen das Bein mit den Zehenspitzen voran in Kniehöhe nach unten. Heben Sie beim Einatmen das Knie zur Brust und wiederholen Sie den Stoß. Als Nächstes stoßen Sie wiederum beim Ausatmen den Fuß mit der Ferse voran nach unten, ebenfalls zweimal

1   2

(s. Abb. 1). Dann stoßen Sie den Fuß mit der Innenkante, anschließend mit der Außenkante je zweimal nach unten. Zuletzt ziehen Sie das Knie wieder zur Brust und stoßen mit der Außenkante des Fußes zweimal seitlich nach außen (s. Abb. 2).

Dann das Bein wechseln. Führen Sie jeden Stoß zweimal hintereinander aus, mit zunehmender Fitness auch öfter. Achten Sie während der Übung darauf, dass der Rücken gerade bleibt und Sie sich nicht zurückbeugen.

Besonderer Hinweis: Diese Übung können Sie schnell oder langsam ausführen. In der schnellen Form ähneln die Bewegungen den niedrigen Fußtechniken aus dem Kampfsport, die in Kniehöhe ausgeführt werden (s. a. Übungsserie III, Übung 12). Achten Sie bei den schnellen Stößen darauf, das Knie nicht zu überstrecken.

ÜBUNG 28 *Chorus line: schwungvolles Beintraining*

Ausgangsposition: Stehen Sie mit parallelen Füßen und stützen Sie die Hände auf die Hüften oder ballen Sie in Hüfthöhe die Fäuste.

Atmung: Atmen Sie tief und gleichmäßig.

Ausführung: Machen Sie aus dem entspannten Stand heraus einen Ausfallschritt nach vorne. Nun schwingen Sie das hintere Bein so weit wie möglich nach oben. Das Bein wieder hinten absetzen und erneut nach oben schwingen, mindestens zehnmal. Dosieren Sie den Schwung so, dass Sie sich nicht überdehnen. Dann das andere Bein zehnmal nach oben schwingen.

Besonderer Hinweis: Achten Sie darauf, dass Sie während der Schwungbewegung nicht den Rücken beugen, sonst beanspruchen Sie die Rückenmuskulatur übermäßig. Die Ausgangsposition dieser Übung gleicht derjenigen, die beim Kniestoß in Übungsserie III, Übung 28 beschrieben wird.

ÜBUNG 29 *Cool-down*

Nehmen Sie sich nach der zweiten Übungsserie mehr Zeit zum Abwärmen, da sie anspruchsvoller ist als das erste Programm. Natürlich hängt dies davon ab, wie intensiv Sie es durchgeführt haben. Gönnen Sie Kreislauf, Muskeln und Gelenken immer die notwendige Abwärmzeit.

Ausführung: Beginnen Sie das Cool-down, indem Sie mehrere Male mit den Füßen, Knien, dem Becken und den Schultern in jede Richtung kreisen. Laufen Sie im Anschluss daran einige Minuten langsam, weich und locker auf der Stelle. Werden Sie allmählich immer langsamer. Achten Sie dabei auf eine gleichmäßige und ruhige Atmung.

Neigen Sie sich im Anschluss an das Laufen mehrmals weich im schulterbreiten Stand mit dem Oberkörper nach vorne und zurück, dann ebenfalls mehrmals zu beiden Seiten hin. Im Anschluss daran drehen Sie sanft den Oberkörper abwechselnd in beide Richtungen. Dehnen Sie jetzt nicht mehr, sondern bewegen Sie sich weich und locker mit entspannten Armen.

Lockern Sie Hand- und Fingermuskulatur, indem Sie Hände und Finger gründlich ausschütteln. Eventuell kreisen Sie mit den Handgelenken in beide Richtungen.

Zuletzt schütteln Sie Arme und Beine aus.

ÜBUNG 30 *Die Energietore öffnen: sich sammeln und ausbalancieren*

Ausgangsposition: Stehen Sie bequem, mit geradem Rücken. Die Füße stehen parallel und schulterbreit auseinander. Die Arme hängen entspannt neben dem Körper herab, die Knie sind leicht gebeugt.

Atmung: Ganz im Einklang mit der Bewegung der Hände ruhig durch die Nase ein- und ausatmen.

Ausführung: Atmen Sie tief in den Bauch ein und heben Sie beim Einatmen die Arme ganz langsam seitlich neben dem Körper ein wenig an. Hände und Handgelenk bleiben während der Übung entspannt, die Handflächen weisen seitlich nach unten in Richtung Körper. Mit der Ausatmung lassen Sie die Arme langsam sinken, bis sie sich wieder entspannt neben dem Körper befinden. Die Bewegungen sind fließend und ohne Anspannung. Atmen Sie leise, gleichmäßig und ohne Anstrengung. Verlängern Sie die Ein- und Ausatemspanne während der Übung ganz allmählich. Lenken Sie Ihre Aufmerksamkeit auf Unterbauch und Hände. Führen Sie die Übung mindestens zwanzig Atemzüge lang durch.

Besonderer Hinweis: Diese abschließende kleine Atemübung aus der Vorbereitung der ersten Übungsserie hilft Ihrem Körper, eine eventuell entstandene Sauerstoffschuld einzulösen.

Programm III
Fitness für Fortgeschrittene

Die dritte Übungsserie ist ein anspruchsvolles Fitnessprogramm, das für gesunde Frauen mit einem guten Fitnesszustand zusammengestellt worden ist. Es ist daher empfehlenswert, die dritte Serie zunächst auf einem niedrigeren Level, das heißt mit wenigen Wiederholungen und den einfachen Übungsvarianten, eine gewisse Zeit durchzutrainieren und das Programm ganz allmählich zu intensivieren. Wenn Sie Ihre Fitness systematisch und gründlich aufbauen, werden auch anspruchsvolle Fitnessübungen und Übungsvarianten wie einbeinige Kniebeugen und beidhändige Liegestützen allmählich kein Problem mehr für Sie sein.

Grundsätzlich sollte jeder, der an Beschwerden des Bewegungsapparates, zum Beispiel Rückenschmerzen, Kniegelenksbeschwerden oder anderen Krankheiten, leidet, sich von einem Arzt untersuchen lassen und mit ihm besprechen, welche Übungen für ihn infrage kommen. Das erste Übungsprogramm und auch große Teile des zweiten können von jedem Menschen trainiert werden. Aber auch hier ist es bei akuten oder chronischen Beschwerden sinnvoll, erst einen Arzt zu konsultieren und einen Gesundheits-Check-up (s. S. 35) durchführen zu lassen.

Für alle Übungsserien gilt, dass ihre Intensität von der Übungsfrequenz abhängt. Je häufiger Sie die einzelnen Übungen ausführen, umso größer ist der Fitness-, Dehnungs- und Muskelaufbaueffekt. Das betrifft besonders alle Kräftigungs- und Konditionsübungen. Bei Dehnungsübungen sollten Sie Ihr individuelles Maß herausfinden. Wichtig ist hier zwar, wie bei den Kräftigungsübungen auch, dass sie regelmäßig durchgeführt werden. Dehnt man allerdings zu oft, zu intensiv oder geht zu stark über seine individuelle Grenze hinaus, kann dies zu verminderter statt zu vermehrter Gelenkigkeit führen. Eine zu intensive Übung von Kräftigungs- oder Konditionsübungen rächt sich dagegen »nur« mit einem Muskelkater.

Hinweis: Übungen, die bereits im ersten oder zweiten Programm ausführlich dargestellt worden sind, werden auch in der dritten Serie kurz beschrieben. Ausführliche Informationen dazu finden Sie jeweils unter dem entsprechenden Verweis.

Die Vorbereitung

Beginnen Sie die dritte Übungsserie wieder mit einer vorbereitenden Atemübung, mit deren Hilfe Sie sich mental und körperlich auf das Training einstellen können.

Vorbereitende Übung:
Die Flügel weit machen oder Die Energietore öffnen

Die Flügel weit machen: Diese Übung, die zu Beginn des zweiten Programms ausführlich beschrieben wird, fördert speziell die tiefe Atmung, indem Sie den Brustkorb weitet. Gleichzeitig werden auch Brust-, Arm- und Beinmuskulatur auf milde Weise betätigt, sodass die Übung bereits ein Bestandteil des körperlichen Warm-ups ist (s. Abb.).

Die Energietore öffnen: Die zweite Übung hat einen stärker harmonisierenden, entspannenden und meditativen Effekt. Sie wird zu Beginn der ersten Übungsserie ausführlich beschrieben.

Das Warm-up

Führen Sie im Anschluss an die einstimmende Übung ein Warm-up durch, um sich körperlich auf das Übungsprogramm vorzubereiten. Nutzen Sie als Anregung die Beispiele zu Beginn der ersten und zweiten Übungsserie. Wärmen Sie sich allerdings ausgiebiger auf, etwa zehn Minuten lang, und laufen Sie mindestens fünf Minuten lang weich und locker auf der Stelle. Alternativ dazu können Sie natürlich auch fünf bis zehn Minuten lang in gemächlichem Tempo an der frischen Luft joggen oder walken oder zehn Minuten Fahrrad fahren.

Beginnen Sie nach der Aufwärmphase mit den Dehnungsübungen der dritten Übungsserie.

Übungsserie III

ÜBUNG 1
Immer schön locker bleiben:
mit den Gelenken kreisen

Wärmen Sie zunächst wieder die Gelenke durch Kreisbewegungen auf, wie dies jeweils in Übung 1 der ersten und zweiten Serie ausführlich beschrieben wird. Beugen Sie dazu den Kopf einige Male vor und zurück, drehen und neigen Sie ihn mehrmals auf jede Seite und lassen Sie ihn mit seinem Eigengewicht langsam kreisen.

Kreisen Sie mit dem Becken und mit den Schultern zehnmal in jede Richtung. Kippen Sie das Becken vor und zurück, reiben Sie die Knie und kreisen Sie mit den Knien in jede Richtung oder wärmen Sie die Knie auf, indem Sie sich hinhocken und wieder aufrichten. Beugen und kreisen Sie zum Abschluss Hände und Füße. Führen Sie die Kreisbewegungen nicht zu langsam, aber gleichmäßig aus.

Besonderer Hinweis: Eine ausführliche Beschreibung und einige Übungsvarianten finden Sie zu Beginn der ersten und zweiten Übungsserie unter Übung 1 beschrieben.

ÜBUNG 2
Sich im Rücken wohlfühlen:
die Wirbelsäule und die Hüften bewegen und dehnen

Beugen Sie sich im schulterbreiten Stand, aus der Hüfte heraus, mit der Ausatmung nach vorne, bis Sie bestenfalls mit beiden Handflächen den Boden erreichen. Richten Sie sich mit der Einatmung wieder auf, stützen Sie die Hände in den Nierenbereich und beugen Sie sich mit der nächsten Ausatmung so weit wie möglich nach hinten. Dehnen Sie dreimal nach vorne und dreimal nach hinten (s. a. Abbildungen Rumpfbeuge nach vorne und zurück in der ersten Übungsserie, S. 57).

Als Nächstes führen Sie einen Arm über den Kopf und neigen aus dem etwa doppelt schulterbreiten Stand heraus den Oberkörper auf die Seite. Der andere Arm zieht dabei nach unten (s. a. Foto in der ersten Übungsserie, S. 58). Auf jede Seite mindestens viermal, ohne nachzuwippen, mit Gefühl und im ruhigen Atemrhythmus dehnen.

Drehen Sie sich jetzt im schulterbreiten Stand langsam sechs- bis achtmal nach links, dann nach rechts.

Besonderer Hinweis: Eine ausführliche Beschreibung der Übungen finden Sie in der ersten Übungsserie unter Übung 2 bis 4 und in der zweiten Serie unter Übung 3 bis 5.

Übungsvariante: Fortgeschrittene Seitdehnung. Stehen Sie mit parallelen Füßen, etwa doppelte Schulterbreite. Versuchen Sie nun mit den Fingern der linken Hand den rechten Fuß zu berühren, indem Sie den Oberkörper nach unten beugen und etwas zur Seite drehen. Der rechte Arm ist gleichzeitig nach oben gestreckt. Dann schwingt der linke Arm nach oben, der rechte nach unten, der Oberkörper dreht sich auf die andere Seite und Sie berühren mit den Fingern der rechten Hand den linken Fuß. Zehn- bis zwanzigmal drehen und dehnen, dabei ruhig atmen und die Übung mit Gefühl, nicht zu schwungvoll durchführen.

ÜBUNG 3   *Die Fäuste ballen:*
die Hand- und Unterarmmuskulatur kräftigen

Heben Sie im bequemen Stand die Arme seitlich leicht an und ballen Sie mehrmals die Fäuste, dann die Finger wieder strecken. Ballen Sie die Fäuste ebenso mit gerade nach vorn, nach oben und seitlich in Schulterhöhe ausgestreckten Armen.

Besonderer Hinweis: Diese Übung wird im ersten Übungsteil unter Übung 8 und im zweiten Teil unter Übung 6 ausführlich beschrieben.

ÜBUNG 4   *Spitzentanz:*
die Wadenmuskulatur und die Achillessehne dehnen und kräftigen

Ausgangsposition: Stehen Sie, die Füße ein wenig auseinander gestreckt, mit dem Vorderfuß auf einer kleinen und stabilen Erhöhung wie zum Beispiel einer niedrigen Treppenstufe. Der Rücken bleibt während der Übung gerade. Zur Stabilisierung können Sie die Hände auf die Hüften stützen.

Atmung: Atmen Sie während der Übung ruhig und gleichmäßig.

Ausführung: Senken Sie aus der Ausgangsposition heraus die Fersen langsam ein wenig ab, bis Sie in den Waden eine Dehnung verspüren. Drücken Sie sich anschließend nach oben, bis Sie nur noch auf den Fußballen stehen. Die Spannung zwei bis drei Sekunden lang halten, dann in die Ausgangsposition zurückkehren. Wiederholen Sie die Übung mehrmals. Spannen Sie die Pomuskulatur an, das gibt Ihnen eine zusätzliche Stabilisierung, und vermeiden Sie ein Hohlkreuz.

Besonderer Hinweis: Führen Sie diese Übung mit großer Achtsamkeit aus. Wird die Muskulatur schwach, können Sie sich leicht zerren, indem Sie mit den Fersen zu weit nach unten absinken! Eine einfachere Alternative zu dieser Übung finden Sie in der zweiten Serie unter Übung 2.

ÜBUNG 5 — *Von Kopf bis Fuß die Energie zum Fließen bringen: 6 Meridian-Dehnungsübungen*

Der nächste große Übungsblock dieses Programms besteht aus sechs anspruchsvolleren Dehnungsübungen, die gezielt das so genannte Meridiansystem unseres Körpers stimulieren (s. a. S. 164 ff.). Die Dehnungsspannung tritt dabei während der Übung im Meridianverlauf auf. Konzentrieren Sie sich während der Übung darauf. Dehnen Sie nur bis zur spürbaren Grenze, aber täglich regelmäßig. Wenn Sie nicht die ideale Dehnung erreichen, macht dies nichts, da trotzdem das Meridiansystem aktiviert wird. Atmen Sie ruhig und gleichmäßig ein und aus, dehnen Sie langsam und stetig. Atmen Sie noch einmal tief, sobald Sie Ihre größtmögliche Dehnung erreicht haben, und entspannen Sie sich dabei. Wiederholen Sie jede Übung zwei- bis dreimal. Sollten Sie bei einer bestimmten Übung besondere Schwierigkeiten haben, so ist dies ein Hinweis darauf, dass sich die zugehörigen Meridiane und Organe nicht in Harmonie befinden. Das ist allerdings kein Anzeichen für eine Krankheit, sondern für eine mögliche Schwächung der entsprechenden Meridiane.

1. Arme und Schultern strecken (Lungen- und Dickdarmmeridian)

Ausgangsposition: Stellen Sie die Füße etwas weiter als Ihre eigene Schulterbreite auseinander. Die Zehen dürfen dabei auch leicht nach außen weisen. Führen Sie die Arme mit nach hinten gewendeten Handflächen hinter dem Rücken zusammen und haken Sie die beiden Daumen ineinander. Die restlichen Finger beider Hände sind gestreckt (s. Abb. 1 auf S. 106).

Atmung: Beugen Sie sich mit der Ausatmung nach vorne unten, halten Sie die Dehnung einige Atemzüge und richten Sie sich mit der Einatmung wieder auf.

Ausführung: Atmen Sie tief ein und beugen Sie sich mit der Ausatmung so weit wie möglich nach vorne unten. Arme und Beine sind jetzt durchgestreckt, die Arme möglichst weit hinter dem Rücken nach oben und vorne gezogen. Die Handflächen befinden sich auf einer Ebene (s. Abb. 2).

Halten Sie die Dehnung einige Atemzüge lang und beobachten Sie, wie die Spannung mit jedem Ausatmen nachlässt. Richten Sie sich mit dem Einatmen wieder auf, entspannen Sie sich und wiederholen Sie die Übung, indem Sie die Daumen in die andere Richtung verschränken.

2. Den ganzen Körper strecken (Magen- und Milzmeridian)

Ausgangsposition: Setzen Sie sich auf die Fersen. Der Rücken ist gerade, die Knie sind eine Faustbreit auseinander.

Atmung: Mit der Ausatmung zurücklehnen und einige Atemzüge in der Dehnung verharren, mit einer Einatmung wieder aufrichten.

Ausführung: Atmen Sie ruhig und lehnen Sie sich dann mit dem Ausatmen vorsichtig nach hinten zurück, wobei Sie die Hände hinter dem Rücken aufstützen. Ist Ihnen dies ohne Schwierigkeiten möglich, stützen Sie sich auf die Ellbogen (s. Abb.). Wenn Ihnen auch dies entspannt gelingt, beugen Sie sich so weit zurück, dass Sie sich auf Ihren Hinterkopf aufstützen.

Ihr Rücken bildet nun eine Brücke. Das Gesäß kann dabei auch zwischen den Fersen liegen und die Knie dürfen sich etwas vom Boden abheben. Als letzte Stufe dieser Übung legen Sie zuerst den Kopf auf den Boden, dann die Schultern. Verschränken Sie die Finger und führen Sie die gestreckten Arme so über den Kopf, dass die Handrücken nach oben weisen. Die Hände über dem Kopf ablegen.

Halten Sie eine der beschriebenen Positionen einige Atemzüge lang. Beachten Sie während aller Übungsstufen das Zu- und Abnehmen der Körperspannung mit der Ein- und Ausatmung. Atmen Sie tief in den Bauch. Nach mindestens fünf bis sieben Atemzügen richten Sie sich mit einer Einatmung ganz langsam wieder auf. Führen Sie diese Übung möglichst entspannt aus und machen Sie keine ruckhaften Bewegungen.

3. Das Becken dehnen (Herz- und Dünndarmmeridian)

Ausgangsposition: Setzen Sie sich auf den Boden, legen Sie die Fußsohlen aneinander und lassen Sie die Knie auseinander sinken, sodass die Innenseiten der Beine gedehnt werden (s. Abb. 1).

Atmung: Ziehen Sie den Oberkörper mit dem Ausatmen zu den Fersen heran, bleiben Sie einige Atemzüge in der Dehnung, dann richten Sie sich wieder auf.

Ausführung: Greifen Sie aus der Ausgangsposition heraus die Füße vorne an den Zehen und ziehen Sie den Oberkörper mit einer Ausatmung nach unten in Richtung Fersen. Der Rücken sollte während der Übung möglichst gerade bleiben, der Nacken entspannt (s. Abb. 2). Im Idealfall berühren die Unterarme den Boden und die Stirn die Füße. Beobachten Sie das allmähliche Nachlassen der Spannung und richten Sie sich nach mehreren Atemzügen mit dem Einatmen wieder auf.

4. Arme und Beine strecken (Nieren- und Blasenmeridian)

Ausgangsposition: Setzen Sie sich auf den Boden, strecken Sie die Beine nach vorne aus und ziehen Sie die Zehen heran. Die Fersen liegen dicht zusammen.

Atmung: Beugen Sie sich mit einer Ausatmung nach vorne, bleiben Sie einige Atemzüge in der Dehnung und kehren Sie mit der Einatmung in die Ausgangsposition zurück.

Ausführung: Verschränken Sie im Langsitz die Finger so, dass die Handflächen nach vorne gerichtet sind. Beugen Sie nun den Oberkörper aus der Leiste heraus nach vorne, bis Sie bestenfalls mit den verschränkten Händen die Zehen erreichen oder sie sogar darüber hinausstrecken (s. Abb. oben). Beugen Sie den Kopf in Richtung Knie und achten Sie darauf, dass der Rücken möglichst gerade bleibt und das Vorbeugen aus Hüfte und Leiste heraus geschieht. Erzwingen Sie nichts und atmen Sie mehrmals ruhig und tief. Mit der Einatmung richten Sie sich wieder auf.

5. Die Schultern entspannen (Kreislauf- und Dreierwärmermeridian)

Ausgangsposition: Setzen Sie sich in den Schneidersitz. Überkreuzen Sie die Hände und legen Sie die rechte Hand auf das linke Knie, die linke Hand auf das rechte (s. Abb. 1 auf S. 110).

Atmung: Beugen Sie sich mit der Ausatmung nach vorne, verharren Sie dort einige Atemzüge und kehren Sie mit der Einatmung zurück in die Ausgangsposition.

Ausführung: Beugen Sie im Schneidersitz mit der Ausatmung den Oberkörper nach vorne (s. Abb. 2). Entspannen Sie dabei den Rücken und machen Sie ihn rund. Ziehen Sie die Knie leicht mit den Händen zueinander und verstärken Sie die Vorbeugung erneut (s. Abb. 3). Nehmen Sie wahr, wie sich der Rücken zwischen den Schulterblättern entspannt. Lenken Sie Ihre Aufmerksamkeit auf den Bereich unterhalb des Nabels und beobachten Sie das allmähliche Nachlassen der Körperspannung mit der Atmung. Mehrmals tief ein- und ausatmen und sich mit der Einatmung wieder aufrichten. Nun die Seiten wechseln und das andere Bein nach unten legen, die Arme umgekehrt überkreuzen und dann die Übung wiederholen.

6. Die Körperseiten strecken (Leber- und Gallenblasenmeridian)

Ausgangsposition: Setzen Sie sich im Grätschsitz auf den Boden, der Rücken ist gerade, die Knie sind gestreckt.

Atmung: Jeweils mit der Ausatmung dehnen, einige Atemzüge lang in der Dehnungsspannung bleiben und mit einer Einatmung in den Grätschsitz zurückkehren.

Ausführung: Spreizen Sie im Sitzen die Beine so weit auseinander, dass die Knie noch gestreckt bleiben. Nun die Zehen nach oben ziehen. Falls notwendig, stützen Sie sich mit den Händen am Boden ab. Diese Position einige Atemzüge lang halten. Anschließend strecken Sie die Arme mit verschränkten Fingern zur Decke, sodass die Handflächen nach oben weisen. Neigen Sie mit der Ausatmung den Oberkörper so zu einer Seite hin, dass Sie im Idealfall mit den verschränkten Handflächen den Fußrücken berühren. Die Körperseite weist dabei nach oben (s. Abb. oben).

Richten Sie sich nach einigen Atemzügen wieder auf, strecken Sie die Arme mit den verschränkten Fingern in die Höhe und beugen Sie sich zur anderen Seite hin. Richten Sie sich nach mehreren Atemzügen wiederum auf und beugen Sie sich mit einer Ausatmung aus der Hüfte heraus nach vorne. Die Arme dabei ebenfalls nach vorne strecken. Den Rücken möglichst gerade halten, die Knie sind gestreckt, die Füße fallen entspannt zur Seite. Idealerweise bilden Arme und Rücken eine Linie. Atmen Sie mehrmals tief und ruhig und entspannen Sie sich dabei. Dann richten Sie sich mit der Einatmung wieder auf.

Besonderer Hinweis: Die hier aufgeführten Dehnungsübungen können Sie auch für sich allein, eventuell zusammen mit den Gelenkkreisbewegungen und der Vor- und Seitbeugung der Wirbelsäule und der Oberkörperdrehung durchführen, als ein eigenständiges Programm zur Förderung von Gesundheit und Vitalität (s. a. S. 50).

ÜBUNG 6 *Die Balance halten: der klassische Yoga-Einbeinstand für mehr Gleichgewicht*

Ausgangsposition: Stehen Sie mit geradem Rücken, leicht gebeugten Knien und parallelen Füßen.

Atmung: Mit der Einatmung die Hände vor der Brust falten. Während der weiteren Übung besonders auf eine ruhige und gleichmäßige Tiefenatmung achten.

Ausführung: Falten Sie mit der Einatmung die Hände vor der Brust. Heben Sie nun ein Bein an und legen Sie den Fuß des angehobenen Beines über das leicht gebeugte Knie des Standbeins. Die Fußsohle ist nun nach oben, zur Decke gerichtet, der Unterschenkel befindet sich parallel zum Boden oder weist schräg nach oben, je nach seiner Länge und Ihrer Dehnbarkeit. In dieser Stellung bleiben und mehrere ruhige Atemzüge durchführen, dann das Bein wieder absenken und das andere heben. Die Hände verbleiben während der Übung vor der Brust. Führen Sie den Beinwechsel langsam und gleichmäßig aus. Jedes Bein zweimal heben.

Besonderer Hinweis: Einfachere Varianten des Einbeinstandes finden Sie im zweiten Übungsteil unter Übung 8 beschrieben.

ÜBUNG 7 *Der Schmetterling: für Gleichgewicht, Körpergefühl und starke Bein- und Rückenmuskeln*

Ausgangsposition: Stehen Sie mit parallelen Füßen, die Beine weniger als schulterbreit auseinander.

Atmung: Atmen Sie während der Übung ruhig und gleichmäßig.

Ausführung: Setzen Sie ein Bein eine Schrittlänge hinter dem anderen mit dem Fußballen auf und beugen Sie beide Knie und den Oberkörper weit nach unten, sodass Sie sich mit den Fingerspitzen am Boden abstützen können. Nun heben Sie das hintere Bein vom Boden und strecken es nach hinten durch. Strecken Sie jetzt ebenfalls das Standbein und beide Arme wie Flügel zur Seite, wobei die Handflächen nach unten weisen (s. Abb. 1 und 2).

Strecken Sie den Oberkörper in der Waagrechten und halten Sie das Gleichgewicht. Bleiben Sie einige ruhige Atemzüge lang in dieser Stellung, dann richten Sie sich langsam wieder auf. Wechseln Sie die Beine und nehmen Sie erneut die Ausgangsposition mit gebeugten Knien ein, sodass das andere Bein zum Standbein wird. Mit jedem Bein diese Übung mindestens zweimal durchführen.

Besonderer Hinweis: Wechseln Sie die Übung mit anderen Gleichgewichtsübungen ab, wie Sie in Übung 8 der zweiten Serie beschrieben werden.

ÜBUNG 8 — *Die Arme ausbreiten: die Brustmuskulatur kräftigen*

Führen Sie im schulterbreiten Stand die vor der Brust angewinkelten Arme mit den Ellbogen seitlich nach außen, bringen Sie sie wieder vor der Brust zusammen und führen Sie sie nach schräg außen und oben. Die Arme sind am Schluss mit nach vorne gerichteten Handflächen gestreckt. Die Bewegung mindestens zehnmal zügig durchführen.

Besonderer Hinweis: Eine ausführlichere Beschreibung finden Sie in der zweiten Serie unter Übung 7. Wollen Sie noch eine weitere Übung zur Kräftigung der Brustmuskulatur durchführen, kreuzen Sie die Arme, wie dies in Übung 9 der ersten Serie beschrieben wird.

ÜBUNG 9 — *Shiko-dachi: die Hockstellung formt jedes Bein und jeden Po*

Gehen Sie aus etwa doppelt schulterbreitem Stand in eine tiefe Hockstellung. Die Füße weisen nach außen. Atmen Sie ruhig und gleichmäßig, halten Sie den Rücken gerade und den Kopf aufrecht. Verbleiben Sie in dieser Stellung so lange wie möglich. Achten Sie darauf, kein Hohlkreuz zu entwickeln. Sind Sie eine fortgeschrittene Sportlerin, gehen Sie so tief in die Hocke, dass Sie einen geraden Stock auf die Oberschenkel legen können. Bleiben Sie mindestens eine Minute lang so stehen und atmen Sie ruhig und gleichmäßig. Entfernen Sie dann den Stock und verlagern Sie das Gewicht auf ein Bein, während Sie das andere zur Seite strecken und kurz dehnen. Mehrmals auf diese Weise die Seiten wechseln.

Besonderer Hinweis: Eine ausführliche Beschreibung der Hockstellung finden Sie innerhalb der zweiten Serie unter Übung 11.

ÜBUNG 10 — *Die Beine lang machen I: die Beinvorderseite dehnen*

Heben Sie den Unterschenkel nach hinten in die Höhe in Richtung Po, fassen Sie das Fußgelenk mit der gleichseitigen Hand und ziehen Sie den Fuß zu sich an den Körper und gleichzeitig nach oben. Jedes Bein zweimal dehnen.

Besonderer Hinweis: Eine ausführliche Anleitung für diese Übung finden Sie in der ersten Serie unter Übung 12.

ÜBUNG 11 *Die Beine lang machen II: die Beinrückseite dehnen*

Machen Sie einen Ausfallschritt nach vorne, setzen Sie das Bein mit der Ferse auf und beugen Sie das Knie des Standbeins und gleichzeitig den Oberkörper aus der Hüfte heraus. Jedes Bein zwei- bis dreimal dehnen.

Besonderer Hinweis: Eine ausführliche Beschreibung dieser Übung finden Sie in der zweiten Serie unter Übung 13.

Übungsvariante für den gleichen Zweck: Stellen Sie die Beine entspannt mit parallelen Füßen nebeneinander und stützen Sie die Hände auf die Hüften. Machen Sie nun einen großen Ausfallschritt nach vorne und beugen Sie das vordere Knie so weit wie möglich nach unten, sodass Sie spüren, wie die Muskeln von Ober- und Unterschenkel und die Achillessehne des hinteren Beins gedehnt werden. Der Oberkörper bleibt aufrecht, das vordere Bein ist gebeugt, das hintere gestreckt. Beide Füße sind am Boden. Diese Dehnung auf beiden Seiten je zweimal durchführen. Machen Sie aus dem entspannten Stand heraus wiederum einen Ausfallschritt nach vorne, mit dem Unterschied, dass das Gewicht des hinteren Beines nur auf den Fußballen ruht. Jede Seite zweimal dehnen.

ÜBUNG 12 *Kick-it: Standfestigkeit und muskulöse Beine*

Stehen Sie entspannt, heben Sie ein Knie hoch und stoßen Sie mit den Zehenspitzen in Kniehöhe nach unten. Dann mit der Ferse, der Fußinnen- und Fußaußenkante nach unten treten. Zuletzt den Fuß mit der Außenkante seitlich nach außen stoßen. Führen Sie die Stöße schnell aus, jeden mindestens zweimal hintereinander. Halten Sie den Rücken gerade, die Fäuste sind auf Hüfthöhe geballt.

Besonderer Hinweis: Überstrecken Sie bei schnellen Stößen nicht das Kniegelenk. Eine genaue Beschreibung dieser Übung finden Sie in der zweiten Serie unter Übung 27.

ÜBUNG 13

Himmel und Erde miteinander verbinden: diese anspruchsvolle Meridian-Dehnungsübung fördert den Energiefluss des ganzen Körpers

Ausgangsposition: Stehen Sie mit geschlossenen Beinen und verschränken Sie die Finger entspannt vor der Körpermitte, wobei die Handflächen nach unten weisen.

Atmung: Beachten Sie den Atemrhythmus und atmen Sie ruhig und tief.

Ausführung: Atmen Sie ein und drehen Sie den Oberkörper nach links (s. Abb. 1). Heben Sie die gestreckten Arme in einem Bogen über den Kopf, sodass die Handflächen nun nach oben weisen, und folgen Sie den Händen mit den Augen (s. Abb. 2). Drehen Sie den Körper immer noch einatmend nach rechts. Die Position der Arme verändert sich dabei nicht. Beginnen Sie mit der Ausatmung und beugen Sie sich gleichzeitig mit geradem Rücken nach unten ab. Die gestreckten Arme und der Rücken sollten jetzt waagrecht zur rechten Seite hin eine möglichst gerade Linie bilden (s. Abb. 3). Den Oberkörper immer noch ausatmend beugen und die verschränkten Hände bis neben den rechten Fuß führen (s. Abb. 4). Nun wieder mit der Einatmung beginnen und die Hände in einem kleinen Kreisbogen

1

2

langsam zum linken Fuß bewegen (s. Abb. 5) Mit der Ausatmung beginnen und die Arme wieder so weit anheben, dass sie mit dem Rücken zur linken Seite hin eine gerade Linie bilden. Weiter ausatmen und den Körper aufrichten, indem Sie den Kreis auf der linken Seite vollenden. Die Bewegung beginnt erneut mit der Einatmung. Kreisen Sie zunächst einige Male weiter, wechseln Sie dann die Bewegungsrichtung. Ebenfalls einige Male in jene Richtung kreisen. Folgen Sie mit den Augen der Handbewegung. Konzentrieren Sie sich während der Übung auf das Strecken der Wirbelsäule und atmen Sie ruhig unterhalb des Nabels ein, dem Bewegungszentrum. Führen Sie die Übung möglichst präzise, langsam und fließend im Atemrhythmus aus. Bleiben Sie möglichst entspannt.

Besonderer Hinweis: Bei dieser asiatischen Gesundheitsübung werden alle Meridiane mehr oder weniger stark gedehnt. Aus diesem Grund hat sie auch eine positive gesundheitliche Wirkung auf alle inneren Organe. Die Muskeln von Beinen und Rücken werden gedehnt, die Hüften gelockert. Bei starken Rückenbeschwerden und Bluthochdruck sollten Sie diese Übung jedoch nicht durchführen.

5

3

4

ÜBUNG 14 *Noch mehr Bein zeigen: drei zusätzliche Beindehnungsübungen*

Ausgangsposition: Stehen Sie entspannt, mit geradem Rücken, die Knie sind leicht gebeugt.

Atmung: Achten Sie auf eine gleichmäßige und ruhige Atmung.

Ausführung: Heben Sie aus der Ausgangsposition ein Bein so an, dass die Innenseite von Ober- und Unterschenkel nach oben weist, und fassen Sie das Fußgelenk mit der einen, das Knie mit der anderen Hand. Der Fuß befindet sich vor dem Standbein, Ober- und Unterschenkel parallel zum Boden. Nun das Bein am Fußgelenk und am Knie nach oben ziehen und zweimal gleichmäßig dehnen, dann das Bein wechseln.

Die nächste Dehnung entspricht der zuvor dargestellten, mit dem Unterschied, dass sich das Knie des angehobenen Beins nun vor dem Standbein befindet. Ebenfalls je zweimal gleichmäßig dehnen.

Bei der letzten der drei kleinen Übungen dehnen Sie genau andersherum: Fassen Sie ein Bein am Fußgelenk und heben Sie es so an, dass die Außenseite von Ober- und Unterschenkel nach oben weist und sich parallel zum Boden befindet. Ziehen Sie nun den Fuß zurück und in Richtung Po und das Knie seitlich nach oben. Der Oberkörper bleibt gerade. Je zweimal dehnen.

Besonderer Hinweis: Der Oberkörper sollte während der drei Dehnungen möglichst gerade bleiben. Das Knie des Standbeins ist leicht gebeugt.

ÜBUNG 15 *Kniebeugen für Fortgeschrittene: die Bein- und Pomuskulatur stärken*

Stehen Sie etwas mehr als schulterbreit, verschränken Sie die Arme im Nacken und führen Sie mindestens zwanzig schnelle Kniebeugen durch. Der Oberkörper ist dabei leicht nach vorne gebeugt und nicht angespannt.

Besonderer Hinweis: Eine ausführliche Anleitung zur Durchführung von Kniebeugen finden Sie in der ersten Serie unter Übung 12 und in der zweiten Serie unter Übung 14.

Fortgeschrittene Übungsvariante: Einbeinige Kniebeugen. Sehr fortgeschrittene Frauen können die Kniebeugen auch einbeinig durchführen. Die Ausführung entspricht der zweibeiniger Kniebeugen. Um das Gleichgewicht zu wahren, sollten Sie sich sicherheitshalber mit einer Hand an der Wand abstützen oder sich an einer Stange festhalten. Heben Sie ein Knie nach oben und beugen Sie das Knie des Standbeins mehrmals langsam und gleichmäßig, bis sich der Oberschenkel fast parallel zum Boden befindet. Dann das Bein wechseln. Die Bewegung langsam mehrmals durchführen.

Fortgeschrittene Übungsvariante: Kniebeugen mit Kurzhanteln. Eine weitere fortgeschrittene Kniebeugenvariante ist, wenn Sie die Kniebeugen mit Kurzhanteln durchführen. Nehmen Sie dafür zwei Hanteln mit einem Ihnen noch angenehmen Gewicht und beugen Sie die Knie mehrmals entweder tief und langsam oder schnell.

ÜBUNG 16   *Der einfache Yogadrehsitz: die seitlichen Rückenmuskeln dehnen und die Wirbelsäule drehen*

Ausgangsposition: Setzen Sie sich bequem mit nebeneinander ausgestreckten Beinen in den Langsitz.

Atmung: Atmen Sie ruhig und gleichmäßig.

Ausführung: Beugen Sie im Langsitz das rechte Bein, heben Sie den rechten Fuß über das linke Bein und stellen Sie ihn oberhalb des Kniegelenks neben dem Oberschenkel auf den Boden. Wirbelsäule und Becken sind aufgerichtet. Drehen Sie nun den Oberkörper nach rechts und stützen Sie sich mit der rechten Hand hinten am Boden ab. Mit dem linken Oberarm drücken Sie gegen das gebeugte Knie (s. Abb.).

Bleiben Sie einige tiefe Atemzüge lang in dieser Stellung, dann wechseln Sie die Seite. Jede Seite zweimal dehnen.

Besonderer Hinweis: Es handelt sich hier um eine etwas vereinfachte Yogaübung. Sollten Schmerzen im Rücken auftreten, die Übung sofort abbrechen.

ÜBUNG 17 *Alle auf einen Streich: Liegestützen für Fortgeschrittene*

Ausgangsposition: Begeben Sie sich in die obere Stützstellung. Das Gewicht ruht auf den Fußspitzen und Händen. Die Arme sind fast gestreckt, Wirbelsäule, Becke und Fersen bilden eine möglichst gerade Linie.

Atmung: Atmen Sie während der Stütze aus und in der oberen Stellung ein. Versuchen Sie auch bei schnelleren Stützvarianten in einen gleichmäßigen Atemrhythmus zu kommen.

Ausführung: Fortgeschrittene können die Liegestützen auf den Fäusten durchführen (s. Abb.). Stellen Sie dafür die Fäuste in Brusthöhe auf den Boden, sodass möglichst alle Faustknöchel den Boden berühren. Die Faustrücken weisen zu den Seiten hin. Wichtig ist, dass die Handgelenke gerade bleiben. Die Ellbogen sind auch in der oberen Position noch leicht gebeugt. Spannen Sie während der Stützen den Körper an und halten Sie sich gerade. Nun mehrmals in die tiefe Stütze gehen oder schnelle Stützbewegungen ausführen. Steigern Sie die Anzahl der Stützen kontinuierlich.

Besonderer Hinweis: Eine ausführliche Beschreibung der Technik und einfachere Stützvarianten finden Sie in der ersten Serie unter Übung 13 und in der zweiten Serie unter Übung 18. Alle Liegestützvarianten bekommen einen höheren Schwierigkeitsgrad, wenn Sie die Fußspitzen auf eine erhöhte Unterlage stellen.

Anspruchsvolle Liegestützvarianten: Fühlen Sie sich fit genug, machen Sie auch einmal Liegestützen, indem Sie sich federnd, schnell und fest nach oben stemmen, dann in die Hände klatschen und sich knapp über dem Boden wieder mit den Handflächen abfangen. Eine ebenfalls schwierigere Variante ist, wenn Sie die Liegestütze mit den Handflächen übereinander durchführen. Stützen Sie sich dafür mit einer Hand etwa in Höhe der oberen Brustmitte ab und legen Sie die Handfläche der anderen Hand darüber. Mehrere langsame Stützen ausführen.

ÜBUNG 18 — *Große Sprünge machen: die Bein- und Hüftmuskulatur stärken*

Ausgangsposition: Begeben Sie sich in die obere Liegestützstellung. Die Arme sind fast gestreckt, der Körper bildet eine möglichst gerade Linie.

Atmung: Achten Sie auf eine gleichmäßige, ruhige Atmung.

Ausführung: Führen Sie ein Bein so weit wie möglich nach vorne und setzen Sie den Fuß mit dem Ballen dort auf. Bleiben Sie dabei mit den Armen in der oberen Stützstellung. Springen Sie nun gleichzeitig mit dem vorderen Bein zurück und dem hinteren Bein nach vorne. Die Beine mit den Ballen aufsetzen. Wechseln Sie mindestens zehnmal schnell und elastisch beide Beine. Die Arme bleiben während der Übung gestreckt.

Besonderer Hinweis: Achten Sie gerade auch bei anstrengenderen Übungen darauf, dass Sie sich nicht verkrampfen und möglichst gleichmäßig atmen.

ÜBUNG 19 — *Katze und Skorpion: die Wirbelsäule dehnen*

Ausgangsposition: Begeben Sie sich in den Vierfüßlerstand. Die Arme sind nicht vollkommen gestreckt, das Gewicht ruht auf Händen, Knien und Zehen. Der Oberkörper befindet sich parallel zum Boden.

1

2

Atmung: Atmen Sie gleichmäßig und ruhig.

Ausführung: Beugen Sie aus dem Vierfüßlerstand heraus den Rücken nach oben, sodass ein Katzbuckel entsteht. Ziehen Sie nun das linke Knie möglichst weit nach vorne und verstärken Sie den Katzbuckel. Bestenfalls berühren Sie mit der Stirn das linke Knie (s. Abb. 1). Jetzt die Wirbelsäule in die andere Richtung dehnen und das linke Bein so weit wie möglich nach hinten oben ausstrecken. Die Ferse bildet den höchsten Punkt. Den Kopf dabei etwas nach oben beugen (s. Abb. 2). Kehren Sie wieder in den Vierfüßlerstand zurück und führen Sie die Übung mit dem rechten Bein durch. Jede Seite mindestens zweimal dehnen. Bewegen Sie sich langsam und gleichmäßig und verharren Sie ein bis zwei Atemzüge lang jeweils in der größtmöglichen Dehnung.

Übungsvariante mit vergleichbarem Dehnungseffekt: Stellen Sie die Füße etwas weiter als schulterbreit auseinander und stützen Sie sich mit Armen und Händen so vom Boden ab, dass Ihr Körper ein umgekehrtes »V« bildet: Das Gewicht ruht auf Händen und Füßen, die Arme sind gestreckt, das Gesäß bildet den höchsten Punkt. Die Wirbelsäule ist leicht gebeugt. Zwei bis drei Atemzüge lang in dieser Stellung bleiben, dann das Gewicht nach vorn auf die Hände verlagern und die Hüften langsam nach unten sinken lassen. Der Rücken hängt jetzt nach unten durch. Gleichzeitig den Kopf in den Nacken legen, sodass die Wirbelsäule nach hinten gestreckt wird. Das Gewicht ruht auf Händen und Fußspitzen. Bewegen Sie sich nicht ruck-artig, sondern gleichmäßig und langsam. Zwei bis drei Atemzüge in dieser Stellung verharren, dann den Kopf senken, den Körper wiederum nach oben drücken und den Rücken wölben. Lassen Sie dabei den Kopf entspannt zwischen den gestreck-ten Armen hängen. Dehnen Sie die Wirbelsäule mehrmals in beide Richtungen.

Besonderer Hinweis: Dehnungen der Wirbelsäule kräftigen die Rückenmuskeln, fördern die Wirbelbeweglichkeit und regen die Rückenmarksnerven an. Wenn Sie unter Rückenbeschwerden leiden, diese Übung nur nach Absprache mit Ihrem Arzt oder Physiotherapeuten durchführen!

ÜBUNG 20 — Machen Sie den Bauch frei für Fortgeschrittene I: die Bauch- und Rückenmuskulatur kräftigen

Ausgangsposition: Legen Sie sich flach auf den Rücken, wobei Sie die Füße leicht nach innen drehen, sodass sich die großen Zehen berühren.

Atmung: Heben Sie die Arme mit dem Einatmen nach oben und mit dem Aus-atmen Oberkörper und Beine vom Boden ab.

Ausführung: Strecken Sie mit der Einatmung die Arme nach schräg oben aus. Die Handrücken dabei zusammenlegen. Mit der Ausatmung den Oberkörper und die gestreckten Beine vom Boden abheben. Dabei befinden sich Arme und Beine pa-rallel zueinander. Die großen Zehen berühren sich weiterhin, die Handrücken bleiben ebenfalls zusammen (s. Abb.). Bleiben Sie einige Atemzüge lang in dieser

Stellung, dann legen Sie sich wieder ab und entspannen sich. Die Übung mehrmals wiederholen, aber nicht ruckartig, sondern gleichmäßig.

Besonderer Hinweis: Schwieriger wird diese Übung, wenn Sie die Hände im Nacken verschränken.

ÜBUNG 21 *Machen Sie den Bauch frei II: Sit-ups*

Ausgangsposition: Legen Sie sich auf den Rücken und verschränken Sie die Arme im Nacken. Nun die Beine mit leicht gebeugten Knien nach oben strecken und die Unterschenkel kreuzen.

Atmung: Heben Sie beim Ausatmen Kopf und Brust hoch und rollen Sie beim Einatmen wieder nach unten.

Ausführung: Heben Sie Kopf und Brust langsam nach oben. Halten Sie die Spannung einige Atemzüge lang, dann wieder zurückrollen und entspannen. Mindestens zehnmal durchführen und die Anzahl der Sit-ups im Laufe der Zeit steigern. Achten Sie darauf, dass die Lendenwirbelsäule flach auf dem Boden liegen bleibt.

Besonderer Hinweis: Bei den hier dargestellten Übungen steht nicht die Bewegung im Vordergrund, sondern die Spannung der Bauchmuskulatur. Achten Sie daher auf langsame, gleichmäßige Bewegungen und atmen Sie ruhig und tief. Auch bei der schnellen Sit-up-Variante stets auf die Spannung der Bauchmuskeln achten.

Einfachere Sit-up-Varianten finden Sie in den Übungsserien eins unter Übung 15 und zwei unter Übung 21 beschrieben.

Übungsvariante: Ein wenig schwieriger wird diese Bauchmuskelübung, wenn Sie die Beine nicht oben verschränken, sondern in Richtung Decke strecken und die Zehen zum Körper ziehen, sodass sich die Fußsohlen parallel zur Decke befinden. Die Beine sind nicht ganz durchgestreckt.

Übungsvariante für die schräge Bauchmuskulatur: Bringen Sie aus der zuvor beschriebenen Ausgangslage heraus den linken Ellbogen möglichst weit in Richtung rechtes Knie. Die Spannung kurz halten, dann Kopf und Schultern ablegen und die Übung zur anderen Seite hin durchführen. Jede Seite mindestens zehnmal.

ÜBUNG 22 — *Machen Sie den Bauch frei (Wespentaille) III: die seitliche Rücken- und Bauchmuskulatur kräftigen*

Ausgangsposition: Legen Sie sich auf die Seite und haken Sie die Füße unter ein Sofa oder Bett ein oder lassen Sie sie von einem Partner am Boden festhalten.

Atmung: Achten Sie auf eine gleichmäßige und ruhige Atmung.

Ausführung: Verschränken Sie in der seitlichen Lage die Arme im Nacken, spannen Sie die Bauchmuskulatur an und beugen Sie sich mit der Ausatmung seitlich nach oben. Die Spannung kurz halten, dann den Oberkörper ablegen und die Übung wiederholen. Auf jeder Seite fünf- bis zehnmal ausführen.

Besonderer Hinweis: Mit dieser Übung sollten Sie erst beginnen, wenn Sie bereits Bauch- und Rückenmuskulatur aufgebaut und keine Rückenschmerzen haben.

Noch ein wenig anspruchsvoller ist diese Übung, wenn Sie den Oberkörper zwischendurch nicht ablegen, sondern gleichmäßig hin und her, nach oben und fast bis zum Boden bewegen.

ÜBUNG 23 — *Heben Sie ab I: die Rückenmuskulatur kräftigen*

Ausgangsposition: Legen Sie sich auf den Bauch und arretieren Sie die Füße wie bei der vorherigen Übung.

Atmung: Wie bei allen Übungen auf eine ruhige und gleichmäßige Atmung achten.

Ausführung: Legen Sie in der Bauchlage die Arme hinten auf den Rücken und heben Sie sich mehrmals mit der Kraft des Oberkörpers vom Boden ab. Die Spannung ein bis zwei Atemzüge lang halten, dann den Oberkörper ablegen und die Übung einige Male wiederholen.

ÜBUNG 24 — *Heben Sie ab II: die Po- und Rückenmuskulatur kräftigen*

Legen Sie sich auf den Bauch und verschränken Sie die Hände im Nacken. Heben Sie nun Kopf und Oberkörper einige Zentimeter vom Boden ab und gleichzeitig ein gestrecktes Bein (das Knie hat keinen Kontakt zum Boden mehr). Einige Sekunden lang die Spannung halten, dann das Bein ablegen und das andere heben. Mehrmals abwechselnd die Beine heben und wieder senken.

Besonderer Hinweis: Ähnliche Übungen zur Kräftigung der Rückenmuskulatur und ausführliche Beschreibungen dazu finden Sie in der zweiten Serie unter Übung 19.

Übungsvariante: Eine Variante dieser Übung ist, wenn Sie das abgehobene Bein mehrmals langsam heben und senken, ohne in der Spannung nachzulassen und es ganz abzulegen.

ÜBUNG 25 *Der schiefe Turm: mit der Schulterbrücke die Rücken-, Po- und Beinmuskulatur kräftigen*

Legen Sie sich auf den Rücken, winkeln Sie die Beine an und stellen Sie die Fersen auf. Verschränken Sie die Hände im Nacken und heben Sie den Po so an, dass Oberschenkel, Becken und Oberkörper eine gerade Linie bilden. Dreimal den Po anheben.

Besonderer Hinweis: Eine ausführlichere Beschreibung finden Sie in Serie zwei unter Übung 25.

Übungsvarianten: Intensivieren können Sie diese Übung, indem Sie die Fersen auf eine Erhöhung wie eine Stufe oder Ähnliches stellen. Eine noch anspruchsvollere Möglichkeit für Fitnessfans ist die einbeinige Durchführung der Schulterbrücke. Das andere Bein dann mit der Ferse nach vorne gerichtet gerade ausstrecken.

ÜBUNG 26 *Luftsprünge machen: das Becken heben und dabei die Bauch- und unteren Rückenmuskeln kräftigen*

Ausgangsposition: Legen Sie sich flach auf den Rücken. Die Arme befinden sich mit den Handflächen nach unten seitlich neben dem Körper oder Sie strecken sie über den Kopf nach oben und legen sie dort ab.

Atmung: Halten Sie die Luft nicht an, sondern atmen Sie auch in der Spannung gleichmäßig weiter.

Ausführung: Heben Sie in Rückenlage die angewinkelten Beine so weit nach oben, dass die Oberschenkel mit dem Boden und ebenso Ober- und Unterschenkel jeweils einen rechten Winkel bilden. Jetzt das Becken mit der Kraft der Bauchmuskeln und unteren Rückenmuskeln ein wenig nach oben heben (s. Abb.). Der Kopf bleibt auf dem Boden liegen. Die Spannung einige Atemzüge lang halten, dann das Becken wieder absenken. Diese Übung drei- bis fünfmal durchführen.

Besonderer Hinweis: Verwenden Sie die Arme zur Stabilisierung, üben Sie aber möglichst keinen Druck damit aus und verspannen Sie während dieser Übung nicht Schulter- oder Rückenmuskulatur.

Übungsvariante: Einen sehr hohen Schwierigkeitsgrad hat diese Übung, wenn Sie das Becken so weit abheben, dass es sich möglichst vollständig in der Luft befindet und das Gewicht des Oberkörpers auf den Schultern ruht. Diese Position zwei bis drei Sekunden lang versuchen zu halten; dann in die Ausgangslage zurückkehren und kurz entspannen.

ÜBUNG 27 *Der Fisch:*
die Rücken- und Pomuskulatur kräftigen

Heben Sie in Bauchlage gleichzeitig den Kopf und Brustkorb und die gestreckten Beine vom Boden ab. Die Arme sind mit nach oben gewendeten Handflächen nach hinten gestreckt. Zwei- bis dreimal die Rücken- und Pomuskulatur anspannen.

Besonderer Hinweis: Eine ausführliche Anleitung finden Sie in Serie zwei unter Übung 26.

Übungsvariante: Rückengesunde, gut trainierte Frauen können in der Fischeposition einige Male vor- und zurückschaukeln.

ÜBUNG 28 *Volle Kraft voraus: mit dem Fauststoß Selbstvertrauen und Muskelkraft fördern*

Ausgangsposition: Stehen Sie schulterbreit, die Füße parallel, die Knie leicht gebeugt. Ziehen Sie beide Fäuste zurück, sodass sich die Unterarme parallel zum Boden befinden und die Faustrücken nach unten weisen.

Atmung: Atmen Sie mit dem Fauststoß aus und in der Entspannung ein.

Ausführung: Stoßen Sie im bequemen schulterbreiten Stand die rechte Faust kräftig nach vorne. In der Schlussstellung befindet sich die Faust auf der Höhe Ihrer rechten Schulter. Der Faustrücken weist nun nach oben. Die Handgelenke nicht beugen, sodass der Faustrücken die Verlängerung des Unterarmrückens darstellt. Achten Sie darauf, dass Sie die Schulter nicht mit dem Schlag nach vorne ziehen. Die Schultern bleiben während der Übung gerade wie ein Brett, der Oberkörper aufrecht. Führen Sie die Faustschläge abwechselnd und energisch mindestens je zehnmal durch. Während der eine Arm schlägt, den anderen zurückziehen.

Besonderer Hinweis: Die Hockstellung Shiko-dachi wird in Übung 11 der zweiten Serie ausführlich beschrieben.

Das Training von Faust- und Fußschlägen dient nicht nur der Fitness, sondern fördert auch Selbstvertrauen und Willenskraft.

Übungsvariante: Etwas anspruchsvoller ist die Ausführung des Fauststoßes in der Hockstellung (Shiko-dachi). Führen Sie die Schläge wie vorher beschrieben aus (s. Abb. oben). Halten Sie den Oberkörper gerade und verdrehen Sie bei dem Schlag nicht die Schultern. Diese Übungsvariante ist eine klassische Karateübung.

ÜBUNG 29 *Volle Kraft nach oben: mit dem Kniestoß Selbstvertrauen und Muskelkraft fördern*

Ausgangsposition: Stehen Sie schulterbreit mit leicht gebeugten Knien. Die Hände befinden sich auf den Hüften oder die geballten Fäuste in Hüfthöhe. Sie können die Arme aber auch so nach vorne strecken, dass die zusammengelegten Handflächen nach unten weisen. Machen Sie jetzt einen Ausfallschritt nach vorne, sodass das hintere Bein fast gestreckt ist, Sie aber stabil stehen (s. Abb. 1).

Atmung: Atmen Sie während des Kniestoßes aus und wenn Sie das Bein zurückführen, ein.

Ausführung: Führen Sie nun das hintere Knie mit Kraft nach vorne und möglichst weit nach oben.

Das Bein zurückbewegen und den Kniestoß zehnmal mit Schwung durchführen, dann das Bein wechseln. Halten Sie die Hände wie beschrieben vorne, berühren die Handflächen das Knie beim Stoß leicht (s. Abb. 2 auf S. 129).

ÜBUNG 30 *Volle Kraft nach vorn: mit dem Fersenstoß Selbstvertrauen und Muskelkraft fördern*

Ausgangsposition: Stehen Sie schulterbreit, mit parallelen Füßen und leicht gebeugten Knien. Die zu Fäusten geballten Hände befinden sich in Hüfthöhe oder Sie stützen die Hände auf die Hüften.

Atmung: Mit dem Fersenstoß ausatmen, in der Entspannung einatmen.

Ausführung: Ziehen Sie im bequemen schulterbreiten Stand ein Knie nach oben und stoßen Sie kräftig mit der Ferse in Höhe des Unterleibs nach vorne, sodass das schlagende Bein am Schluss gestreckt ist. Kehren Sie in die Ausgangsstellung zurück und führen Sie den Fersenstoß mit dem anderen Fuß durch. Mehrmals abwechselnd üben.

Besonderer Hinweis: Eine gute Vorübung zum Fersenstoß ist das Radfahren im Stehen, wie es in Übung 10 der zweiten Übungsserie beschrieben wird.

ÜBUNG 31 *Jumping: auf der Stelle hüpfen und Kondition und Fitness aufbauen*

Ausgangsposition: Stehen Sie aufrecht, die Füße schulterbreit geöffnet und parallel.

Atmung: Achten Sie auch bei Konditionsübungen auf eine gleichmäßige Atmung.

Ausführung: Hüpfen Sie locker und weich auf der Stelle. Springen Sie anschließend eine Zeit lang seitwärts hin und her und zum Abschluss vor und zurück. Die Arme hängen dabei locker herab. Intensivieren können Sie die Übung, indem Sie auf der Stelle hüpfen und dabei jedes dritte Mal beide Knie möglichst weit nach oben ziehen.

ÜBUNG 32 *Seilspringen: Kondition und Fitness aufbauen*

Ausgangsposition: Stehen Sie bequem. Die Beine sind parallel, leicht geöffnet.

Atmung: Atmen Sie möglichst ruhig und gleichmäßig in einem Atemrhythmus mit dem Springen.

Ausführung: Fassen Sie das Seil mit beiden Händen, schlagen Sie es über den Kopf und springen Sie dann darüber, entweder mit beiden Beinen oder Sie wechseln links und rechts ab (s. Abb.).

Besonderer Hinweis: Seilspringen können Sie auch alleine für sich, anstelle der vorherigen Übung, oder im Anschluss daran, wenn Sie sich noch fit genug fühlen. Seilspringen erfordert etwas Übung, ist dann aber ein ausgezeichnetes Konditionstraining.

Springen Sie, so lange es Ihnen Spaß macht.

ÜBUNG 33 *Cool-down*

Der richtige Trainingsabschluss ist genauso wichtig wie der richtige Trainingsbeginn. Laufen Sie im wahrsten Sinne des Wortes *langsam aus*. Dies ist umso wichtiger, je anstrengender und intensiver das Training war.

Atmung: Atmen Sie während des Cool-downs ruhig, tief und gleichmäßig, um eine beim Training eventuell entstandene Sauerstoffschuld einzulösen.

Ausführung: Beugen Sie sich mehrmals weich aus dem Grätschstand vor und zurück, dann zur Seite. Die Arme hängen dabei locker herab. Gehen Sie nicht mehr bis an die Dehnungsgrenze. Beim Cool-down führt man alle Bewegungen weich und ohne Anstrengung durch.

Laufen Sie anschließend locker und weich mindestens fünf Minuten lang langsam auf der Stelle.

Kreisen Sie die gestreckten Arme, dann die Fußgelenke, die Knie, das Becken und die Schultern mehrmals in beide Richtungen.

Reiben Sie die Handflächen gegeneinander, bis sie warm sind, und streichen dann kräftig die Nacken- und Schultermuskulatur und ebenso die Muskelstränge im Lendenbereich der Wirbelsäule (nicht die Wirbelsäule direkt!) entlang. Massieren Sie mit der rechten Hand leicht die linke Schulter und umgekehrt. Reiben Sie auch vorsichtig das Gesicht, den Hals und die Halsseiten ab.

Schütteln Sie die Hand- und Fingergelenke aus und dann zum Abschluss gründlich Arme und Beine.

Übungsvariante für das Fußkreisen: Die folgende Übung dient der Lockerung von Fußgelenken und Fußmuskulatur und stimuliert zusätzlich die inneren Organe über die Fußreflexzonen

Legen Sie die Hände auf die Hüften oder ballen Sie seitlich die Fäuste. Heben Sie ein Bein an und stellen Sie es ein wenig vor das Standbein mit dem Fußballen auf den Boden. Rollen Sie nun den Fußballen in einem möglichst großen Kreis auf dem Boden ab. Achten Sie auf gleichmäßige, geschmeidige Bewegungen und entspannen Sie das Fußgelenk. Drehen Sie einige Male in die eine, dann in die andere Richtung, anschließend das Bein wechseln.

ÜBUNG 34 *Take a breath:*
Atemübungen zum Trainingsabschluss

Die beiden folgenden kleinen Atemübungen können Ihnen dabei helfen, Sauerstoff und Energie zu tanken. Sie sind daher als Trainingsabschluss sehr zu empfehlen.

Führen Sie die in der Vorbereitung der ersten Serie beschriebene Atemübung zur Sammlung und Harmonisierung durch. Atmen Sie dabei fließend im Einklang mit der Armbewegung. Zuletzt »schließen Sie die Energietore«.

Ausgangsposition: Stehen Sie entspannt und bequem, mit schulterbreiten Füßen. Den Rücken gerade halten und die Knie nicht ganz durchstrecken.

Atmung: Atmen Sie während der Übung langsam, ruhig und gleichmäßig durch die Nase ein und aus.

Ausführung: Reiben Sie die Handflächen gegeneinander, bis sie warm sind, und legen Sie beide Hände übereinander auf den Nabel. Reiben Sie nun etwa zwei bis drei Dutzend Mal in kleinen Kreisen um den Nabel herum, erst im Uhrzeigersinn, dann umgekehrt.

Besonderer Hinweis: Diese Übung harmonisiert die Energie im Körper. Außerdem regt sie das Verdauungssystem an.

III

Fitness und Ernährung

Wer fit werden will, muss sich entsprechend seinen Bedürfnissen, Notwendigkeiten und Zielen bewegen, aber auch richtig ernähren. Was und wie wir essen, hat einen mindestens gleich hohen Stellenwert für unsere Gesundheit wie Fitnessaktivitäten. Die Basis stellt dabei eine ausgewogene, abwechslungsreiche Kost dar, die reich an frischem Obst und Gemüse ist. In speziellen Situationen – wie beispielsweise im Leistungssport oder wenn wir älter werden – kann es aber auch sinnvoll sein, zusätzlich Vitalstoffe wie Vitamine und Mineralstoffe einzunehmen.

Meine Ernährung als Profisportlerin ist ausgewogen und abwechslungsreich, mit einem hohen Anteil an Obst und Gemüse und wenig Fett. Sie entspricht dem, was man heute unter *gesunder Ernährung* versteht. Fleisch und Fisch kommen dabei nicht zu kurz, da dies für mich als Boxerin und damit als Kraftausdauersportlerin für die Regeneration der Muskeln wichtig ist.

Essen Sie sich fit

Zu einer umfassenden Fitness gehört, dass wir uns körperlich und geistig wohl fühlen. Wesentlich trägt dazu eine gesunde Ernährung mit qualitativ hochwertiger Nahrung bei.

Gesund ist unsere Nahrung, wenn sie uns den Mindestbedarf an lebenswichtigen Nährstoffen, die Energielieferanten Eiweiß, Fett und Kohlenhydrate und Vitalstoffe, die unentbehrlichen Vitamine und Mineralstoffe, zuführt.

Grundsätzlich wird heute dafür eine abwechslungsreiche Vollwertkost mit größeren Mengen Obst und Gemüse empfohlen, die kalorisch an unsere körperliche Tätigkeit angepasst ist. Aroma und Geschmack dürfen dabei allerdings nicht auf der Strecke bleiben.

Gestern und heute

Unser Organismus funktioniert nach wie vor wie in der Steinzeit – und darin liegt ein Problem. Denn überschüssige Nahrungsenergie wird in Fett umgewandelt, was in der Frühzeit des Menschen überlebensnotwendig war, um Hungerperioden zu überstehen. In diesen Energiemangelzeiten wurde Fett aber regelmäßig wieder abgebaut und das Körpergewicht normalisiert. Hungerperioden gibt es glücklicherweise in den Industrieländern heute nicht mehr und so ist dieser sinnvolle Überlebensmechanismus für viele Menschen zum Problem geworden: Die Bilanz zwischen Energieaufnahme und Energieverbrauch stimmt nicht mehr.

Ein weiterer Faktor ist, dass die Menschen in früheren Zeiten überwiegend Wildfleisch aßen. Dieses ist zum einen erheblich weniger fett als das Fleisch gezüchteter Tiere, zum anderen enthält es etwa das Fünffache an mehrfach ungesättigten Fettsäuren, darunter die besonders wertvolle Omega-3-Fettsäure. Das Fleisch von Zuchttieren hat jedoch praktisch keine Omega-3-Fettsäuren.

»Nicht nur für eine Profi-sportlerin ist es wichtig, sich mit Ernährung auseinander zu setzen.«

Mit dem Beginn des Ackerbaus ging der Fleischkonsum der Menschen der Frühzeit bis auf etwa zehn Prozent ihrer Ernährung zurück. Heute dagegen nehmen viele Menschen zu viel Eiweiß und Fett zu sich. Die durchschnittliche Fettaufnahme ist etwa doppelt so hoch wie früher und umfasst überwiegend gesättigte Fettsäuren. Das geht in vielen Fällen so weit, dass uns gar nicht mehr schmeckt, was nicht fett genug ist.

Vor einhundert Jahren nahmen die Menschen noch etwa 400 Milligramm Vitamin C täglich über die Nahrung zu sich, heute dagegen oft kaum noch 80 Milligramm. Ebenso wurden früher auch wesentlich mehr Vitamin E, Folsäure und Ballaststoffe aufgenommen. Von den Mineralstoffen wird heutzutage Kochsalz (Natriumchlorid), das allenthalben als Konservierungsstoff Verwendung findet, überreichlich, andere Mineralstoffe wie zum Beispiel Kalzium und Magnesium dagegen oft in zu kleinen Mengen zugeführt.

Was Sie über Grundnährstoffe wissen sollten

Zu den Nährstoffen im Gegensatz zu den Vitalstoffen gehören die Grundbausteine Eiweiß, Kohlenhydrate und Fett.

Eiweiß (Protein)

Proteine sind für uns Menschen lebensnotwendig. Dabei wird nicht das zugeführte Eiweiß benötigt, sondern seine Bausteine, die Aminosäuren. In unserem Körper finden wir zehntausende verschiedener Proteine. Sie sind die wichtigsten Baustoffe sämtlicher Zellen und Gewebe. Muskeln, Knochen und Haut sind besonders proteinhaltig. Aber auch alle Hormone, Enzyme und die Bestandteile unseres Immunsystems wie Abwehrzellen und Antikörper bestehen aus Proteinen.

»Der Eiweißanteil meiner Ernährung ist höher als bei anderen Sportlern, da Boxen ein Kraft- und Ausdauersport ist.«

Insgesamt kommen in unserem Körper 22 verschiedene Aminosäuren vor. Zwölf dieser Bausteine kann unser Körper selbst bilden, zwei sind halb-essenziell, das heißt, der Körper kann sie teilweise selbst aufbauen. Die restlichen acht Aminosäuren sind essenziell, müssen also mit der Nahrung zugeführt werden. Für die Herstellung der Eiweiße spielen besonders auch Vitamine und Mineralstoffe eine Rolle. Ein Mangel an nur einer Aminosäure oder einem Vitamin kann die ganze Eiweißsynthese durcheinander bringen.

Die durchschnittliche Ernährung in den Industrieländern ist zu proteinlastig. Ein normaler Mensch nimmt täglich genug Protein zu sich, wenn er zum Beispiel einen Becher Joghurt, eine kleine Portion Müsli, zwei Scheiben Vollkornbrot und ein kleines Stück Käse isst. Pflanzliche Nahrung enthält im Unterschied zu tierischer nicht immer alle acht essenziellen Aminosäuren. Daher ist es sinnvoll, tierisches und pflanzliches Eiweiß zu mischen. Vegetarier müssen sorgfältig auf eine ausreichende pflanzliche Proteinzufuhr mit allen essenziellen Aminosäuren achten. Getreideflocken und Getreidekörner, Hülsenfrüchte und Reis sind gute pflanzliche Proteinquellen.

Besonders wichtig ist eine ausreichende Proteinzufuhr in den Zeiten erhöhten Bedarfs, den Wachstumsphasen in der Kindheit und in der Schwangerschaft. Auch muskelbetonte Kraftsportler brauchen vermehrt Nahrungseiweiß, um Kraft zu vermehren und zu erhalten.

Das Problem einer übermäßigen Eiweißzufuhr sind weniger die überzähligen Kalorien, da Eiweiß nur bei einem Mangel an Kohlenhydraten zur Energiegewinnung herangezogen wird. Zu proteinlastige Ernährung belastet die Gewebe und Organe unseres Körpers und führt zur Übersäuerung. Da überschüssiges Protein von der Leber abgebaut und von den Nieren ausgeschieden wird, kommt es bei einer übermäßigen Proteinzufuhr speziell auch zur Belastung beider Organe. Zusätzlich werden mit den Proteinabbauprodukten auch Kalzium, Magnesium und andere Mineralien ausgeschieden und gehen mit dem Urin verloren. Ein weiterer Nachteil zu proteinhaltiger Nahrung ist, dass sie Allergien, Asthma und bestimmte Formen von Rheuma begünstigt. Das Körpergewicht in Kilogramm gibt in etwa den täglichen Eiweißbedarf in Gramm wieder (Kinder brauchen allerdings das Doppelte ihres Körpergewichts!).

Kohlenhydrate

Kohlenhydrate bestehen aus einem oder mehreren Zuckerbausteinen. Daher werden sie in Einfach- (Mono-), Zweifach- (Di-) oder Vielfachzucker (Polysaccharide) unterschieden. Die in unserer Nahrung verdaulichen Kohlenhydrate bestehen vorwiegend aus Stärke, einem Polysaccharid, Saccharose (Rohrzucker = Disaccharid aus Glukose und Fruktose), Glukose und Fruktose (Monosaccharide). Außerdem können wir Laktose (Disaccharid aus Glukose und Galaktose) aufnehmen, die in Milch und Milchprodukten enthalten ist.

Das wichtigste Kohlenhydrat ist Stärke, die wir in Getreide, Reis, Kartoffeln und vielen Gemüsen finden. Der Mensch und seine Vorfahren haben sich in Jahrmillionen daran gewöhnt, täglich etwa 300 Gramm Glukose zu verarbeiten, vor allem in Form von Stärke. Die Zufuhr von Fruchtzucker durch Honig und Obst betrug bis vor etwa 200 Jahren fünf bis zehn Gramm. Seit große Mengen gewöhnlichen Zuckers aus Zuckerrüben und Zuckerrohr preiswert zur Verfügung stehen, hat sich der Verbrauch von einfachem Zucker auf ein Vielfaches erhöht, durchschnittlich auf 80–100 Gramm pro Kopf.

»An jedem Kampftag esse ich ausschließlich Kohlenhydrate, um lange Zeit Energie zu behalten und den Körper nicht zu belasten.«

Es gibt kaum mehr Zweifel daran, dass diese großen Mengen einfachen Zuckers, die wir unserem Körper zumuten und an die er nicht ausreichend angepasst ist, krank machen und zum Beispiel Diabetes oder Herzkrankheiten auslösen können.

Die zwei wesentlichen Unterschiede zwischen Zucker und raffinierten Kohlenhydraten (Weißmehl[1], weißer Reis) auf der einen und komplexen Kohlenhydraten auf der anderen Seite sind:

1. Einfachzucker werden schnell aufgenommen, sie erhöhen rasch den Blutzuckerspiegel, sodass große Mengen des Hormons Insulin ausgeschüttet werden, das für den schnellen Abtransport des im Blut enthaltenen Zuckers in die Körperzellen verantwortlich ist. Das hat zur Folge, dass ein schnelles Energiehoch von einem schnellen Energietief abgelöst wird und unser Körper nach einer weiteren Energiezufuhr verlangt. Komplexe Kohlenhydrate werden dagegen langsamer in den Blutkreislauf aufgenommen und verursachen keine plötzlichen Blutzuckerschwankungen mit einer hohen Insulinausschüttung. Es kommt weniger leicht zur Einlagerung überschüssiger Energie in Form von Fett.
2. Zucker und raffinierte Kohlenhydrate enthalten lediglich Energie und kaum Vitalstoffe, sie sind »leer«. Brauner Reis zum Beispiel hat mehr Proteine, außerdem wesentlich mehr Vitamine, Mineralien und Nahrungsfasern als weißer Reis. Zuckerartige, stark raffinierte Stärke raubt dem Körper darüber hinaus noch zusätzlich wichtige Vitamine und Mineralien.

Die Nahrungsfasern komplexer Kohlenhydrate fördern zudem eine gesunde Verdauung, vermindern Verstopfung und können das Darmkrebs- und Herzinfarktrisiko senken. Schadstoffe werden an sie gebunden und ausgeschieden, außerdem begünstigen sie eine gesunde Darmflora. Zehn bis fünfzehn Scheiben Weißbrot entsprechen der Fasermenge eines Vollkornbrotes.

Obst enthält zwar ebenfalls überwiegend Einfachzucker, nämlich Fruktose, besteht aber vor allem aus Wasser, hat also nur wenig Kalorien. Fruchtzucker verursacht zudem keine so rasanten Blutzuckerschwankungen wie weißer Zucker. Außerdem ist Obst reich an Vitaminen, Mineralien und Nahrungsfasern.

Eine Rückkehr zu den Essgewohnheiten früherer Zeiten, das heißt den komplexen Kohlenhydraten als Hauptbestandteil unserer Ernährung, kann das Risiko, an Herzinfarkt, Schlaganfall, Diabetes und Krebs zu erkranken, ganz erheblich senken. Wichtigste Nahrung der römischen Legionäre, die für ihre Ausdauer und Zähigkeit bekannt waren, waren Getreidebreie, also komplexe Kohlenhydrate, eine Urform des heutigen Müslis. Komplexe Kohlenhydrate sind auch die Grundlagenernährung von Sportlern, da sie langfristig Energie bereit stellen, ohne dass es zu einem starken Energieabbau kommt, der die oben beschriebene Hungerspirale in Gang setzt.

»Salat und Rohkost esse ich besonders gerne.«

Die Ernährung von Hochleistungssportlern muss aus 60–80 Prozent Kohlenhydrate bestehen. Diese haben die schnellste und sauberste Energie, da bei ihrer Umwandlung in Energie Kohlenstoff und Wasser entstehen, wobei das Wasser weiterverwendet und der Kohlenstoff über die Lungen abgegeben wird.

Fett

Fett (Triglyceride) dient überwiegend der Energiegewinnung, ein kleinerer Teil auch als Energiespeicher (Depotfett) und für bestimmte Stoffwechselprodukte. Einige Fettsäuren wie die Omega-6-Fettsäuren (z.B. Linolsäure) und Omega-3-Fettsäuren (z.B. Linolensäure) sind essenziell, müssen also mit der Nahrung zugeführt werden.

Der Energiegehalt von Fetten ist doppelt so hoch wie der von Proteinen und Kohlenhydraten. Speisen, die üblicherweise als nahrhaft bezeichnet werden, enthalten daher viel Fett. Dass viele Menschen fetthaltige Nahrung bevorzugen, kann auch ein Vermächtnis der Evolution sein: Als Nahrung knapp war, war Fett rar und wegen seiner konzentrierten Energie wichtig, um zu überleben. Heute dagegen sind fettreiche Nahrungsmittel im Überfluss vorhanden. Bis zu 50 Prozent aller Kalorien nehmen wir durchschnittlich in Form von Fett zu uns! Zu viel Fett ist für eine ganze Reihe von Krankheiten mitverantwortlich: Herzinfarkt, Schlaganfall, Diabetes, Krebs und viele andere. Oft achten wir nicht genug auf eine Reduzierung versteckter Fette zum Beispiel in Käse, Wurst, Kuchen und Schokolade.

Machen Sie sich klar, dass der überwiegende Anteil des Nahrungsfettes direkt im Fettgewebe deponiert wird. Zudem ruft Fett nur ein schwaches Sättigungsgefühl hervor, was leicht dazu verleitet, zu viel zu essen. Die Deutsche Gesellschaft für Ernährung (DGE) nennt als maximale Obergrenze die Menge von 80 Gramm Fett pro Tag. Das entspricht etwa 100 Gramm Bratwurst mit einer kleinen Portion Pommes und Mayonnaise.

Pflanzliches Fett ist tierischem vorzuziehen. Zum einen enthält es kein Cholesterin, einen wichtigen Mitverursacher von Gefäßkrankheiten, zum anderen kann unser Körper pflanzliches Fett eher zur Energiegewinnung heranziehen als tierisches Fett, es wird also verbraucht, und drittens enthält pflanzliches Fett einen höheren Anteil an lebenswichtigen essenziellen Fettsäuren. Denken Sie aber auch hier daran, dass pflanzliches Fett sehr viel Energie enthält.

Ein weiteres Problem ist, dass wir uns heute über die Nahrung nicht nur mehr Fett als unsere Vorfahren zuführen, sondern meist auch Fette schlechter Qualität – zu viel gesättigte anstatt mehrfach ungesättigter Fettsäuren. Die besonders wertvollen Omega-3-Fettsäuren sind vor allem in Fisch, aber auch in Wildfleisch enthalten. In zahlreichen Untersuchungen wurde inzwischen der Zusammenhang zwischen einem relativen Mangel an Omega-3-Fettsäuren und verschiedenen Erkrankungen wie Arteriosklerose, Rheuma und Immunschwäche aufgezeigt.

Auf was sollten wir nun speziell bei der Fettaufnahme achten?

➤ Die Gesamtfettzufuhr sollte maximal etwa 25 Prozent der Nahrungsgesamtkalorien betragen (also nur etwa die Hälfte der statistisch üblichen).

➤ Nehmen Sie überwiegend hochwertige (nicht erhitzte, kaltgepresste) pflanzliche Öle mit einem hohen Anteil an ungesättigten Fettsäuren für Rohkost und Salat und Olivenöl für kalte und warme Speisen. Erhitzen Sie diese Öle nicht, indem Sie sie zum Kochen oder Braten verwenden (Ausnahme ist Olivenöl zum Kochen und leichten Anbraten). Sie sind aufgrund ihres hohen Gehalts an ungesättigten Fettsäuren sehr instabil, sodass sie oxidieren und in giftige Verbindungen umgewandelt werden. Zum Backen und Braten sollten Sie daher besser kleine Mengen tierischer Fette verwenden.

➤ Lagern Sie die Öle sorgfältig, kühl, licht- und luftgeschützt.

➤ Nehmen Sie mindestens einmal pro Woche Meeresfisch zu sich, die beste Quelle der essenziellen, gesundheitsfördernden Omega-3-Fettsäure. Da diese Fettsäure in ihrer Funktion den Vitaminen ähnelt, wird sie auch oft als Vitamin F bezeichnet.

Noch ein Hinweis: Für jede Sportlerin – egal, ob Profi oder Amateurin – wirkt ein zu hoher Fettanteil in der Nahrung leistungsmindernd.

Wasser

Unser Körper besteht größtenteils aus Wasser. Alle unsere Stoffwechselvorgänge verlaufen in wässrigem Milieu. Aus diesem Grund ist Wasser das Energiegetränk Nummer eins. Kein Mangel an irgendeinem Nährstoff macht sich so schnell bemerkbar wie der an Wasser. Viele Menschen in den Industrieländern haben sich an eine geringe Wasserzufuhr gewöhnt. Ihr Körper signalisiert dies nicht mehr, weil der normale Durstreflex auf das niedrige Niveau eingestellt worden ist. Das hat zur Folge, dass die Stoffwechselvorgänge nicht mehr optimal ablaufen können. Günstig wäre es, täglich mindestens zwei bis drei Liter Wasser zu trinken. Dadurch können auch größere Mengen Urin erzeugt werden, was die Nieren entlastet, die verdünnten Urin leichter ausscheiden können als konzentrierten. Außerdem werden Giftstoffe auf diese Weise leich-

ter eliminiert. Durch reichliche Wasseraufnahme verringert sich darüber hinaus die Wahrscheinlichkeit der Kristallbildung in den Körperflüssigkeiten, etwa von Nierensteinen. Kaffee, schwarzer Tee und Alkohol dienen nicht als Flüssigkeitszufuhr, sie entwässern im Gegenteil zusätzlich.

Trinken Sie nicht *während* des Essens, sondern *davor* oder *danach*. Wenn Sie während einer Mahlzeit trinken, verdünnen Sie dadurch Ihre Verdauungssäfte und beeinträchtigen deren Wirksamkeit.

Zusammensetzung der Nahrung an Grundnährstoffen

Nährstoffprozentsätze für allgemeines Wohlbefinden:
   KH 60%, EW 20%, Fett 20%.

Nährstoffprozente für leistungsorientierte Sporternährung:
   KH 65%, EW 25%, Fett 10%.

Was Sie über Vitalstoffe wissen sollten

Unter Vitalstoffen versteht man Vitamine, Mineralstoffe, Vitaminoide (vitaminähnliche Substanzen) und sekundäre Pflanzenstoffe. Sie haben keinen Nährwert, liefern also keine Kalorien, sind aber größtenteils lebensnotwendig für eine Vielzahl von Stoffwechselvorgängen in unserem Körper.

Vitamine

Vitamine sind organische, für unseren Körper lebensnotwendige Substanzen. Sie haben wichtige Aufgaben in den verschiedensten Gebieten unseres Stoffwechsels und bringen diesen in Gang wie eine Zündkerze den Automotor. Bis auf wenige Ausnahmen sind wir auf ihre Zufuhr über die Nahrung angewiesen. Vitamine sind sehr empfindliche Substanzen, die durch Licht, Luft und Erhitzen rasch zerstört werden. Der Vitamingehalt von Obst und Gemüse kann zum Beispiel durch falsche Lagerung und Zubereitung um mehr als die Hälfte reduziert werden.

Mineralstoffe und Spurenelemente

Mineralstoffe und Spurenelemente haben lebenswichtige Funktionen als Katalysatoren von Stoffwechselvorgängen und zum Aufbau von Enzymen. Sie sind essenziell (lebensnotwendig) und müssen mit der Nahrung zugeführt werden, da unser Körper sie nicht selbst herstellen kann. Man unterscheidet die Mineralstoffe in Mengenelemente wie Natrium, Kalium, Kalzium und Magnesium, die von unserem Körper in größerer Menge benötigt werden, und in Spurenelemente wie Eisen, Zink und Selen, die in nur kleinsten Mengen zugeführt werden müssen.

»Wer viel schwitzt, muss auf seinen Mineralstoffspiegel achten. Ich achte immer auf vitaminreiche Nahrung und löffle Mineralstoffe in meine Getränke«

Noch ein Wort zum Kochsalz (Natriumchlorid): Salz ist lebensnotwendig, entspricht doch die Salzkonzentration unseres Blutes der von Meerwasser. Ohne diese Salzkonzentration wären wir nicht lebensfähig. Notwendig wäre eine tägliche Zufuhr von etwa vier bis fünf Gramm Kochsalz. Durchschnittlich nehmen wir aber bis zu 20 Gramm Salz zu uns. Das liegt daran, dass Salz als wichtigster Konservierungsstoff reichlich in Brot, Wurst, Käse, Suppen und Soßen, Fertiggerichten, Konserven und eingelegten Gemüsen enthalten ist. Zudem sind die meisten Menschen an den übermäßigen Salzgeschmack gewöhnt: Ist ihr Essen »zu wenig« gesalzen, schmeckt es ihnen nicht.

Ein Mangel an Salz entsteht daher nur bei großem Flüssigkeitsverlust durch den Schweiß in heißen Klimazonen und durch Durchfall über die Darmschleimhaut. Nur in diesen beiden Fällen müssen Sie auf ausreichende Salzzufuhr achten. Die wichtigsten negativen Effekte übermäßiger Kochsalzzufuhr sind: Begünstigung von Bluthochdruck und Einlagerung von Wasser in das Gewebe und damit Gewichtszunahme.

Vitaminoide (vitaminähnliche Substanzen)

Vitaminoide sind lebenswichtige Substanzen, die unser Körper selbst herstellen kann, die aber auch mit der Nahrung aufgenommen werden können. Beispiele dafür sind das stark antioxidativ wirksame Beta-Carotin, eine Vorstufe von Vitamin A, die bereits erwähnten Omega-3-Fettsäuren, Coenzym Q10, das neben seiner Aufgabe im Zellstoffwechsel Vitamin E als Antioxidans unterstützt, und Carnitin, das wichtige Funktionen im Energiestoffwechsel, speziell für die Fettverbrennung hat.

Sekundäre Pflanzenstoffe

Erst in den letzten zehn Jahren wurde allmählich die Bedeutung dieser Stoffe für unseren Organismus klar. Sekundär nennt man sie, weil sie im Vergleich zu den primären Stoffen Eiweiß, Kohlenhydrate und Fett nur in sehr geringer Konzentration vorkommen. Bei einer durchschnittlichen gemischten Kost nehmen wir etwa 1,5 Gramm an sekundären Pflanzenstoffen zu uns. In dieser kleinen Menge sind etwa 5 000–10 000 derartiger Stoffe enthalten. In Weißkohl hat man bis heute allein 49 verschiedene sekundäre Pflanzenstoffe gefunden. Drei Beispiele sollen die Bedeutung dieser Stoffe verdeutlichen:

»In Obst und Gemüse steckt sogar noch mehr als Vitamine. Daher gilt: Je bunter und abwechslungsreicher, desto besser.«

➤ **Indole** aus dem Brokkoli und anderen Kohlarten steigern die Entgiftungsaktivität der Leber und vermindern das Risiko der Entstehung hormonabhängiger Krebsarten wie etwa Brustkrebs.
➤ **Senföle** aus Meerrettich, Kresse, Knoblauch und Zwiebeln wirken antimikrobiell und unterstützen das körpereigene Abwehrsystem.
➤ **Carotinoide** aus gelben bis orangeroten Früchten und Gemüsen und dunkelgrünen Blattgemüsen wie Karotten, Paprika, Melonen, Aprikosen, Kürbis, Tomaten, Brokkoli und Blattsalat hemmen Erbgutveränderungen, die Entstehung von Tumoren und verhindern Zellschäden. Eine ihrer wichtigsten Eigenschaften ist ihre antioxidative Wirkung gegen freie Radikale (s. S. 158).

Farbliche Pflanzenstoffe haben häufig sogar eine größere antioxidative Wirkung als die dafür bekannten Vitamine C und E. Am wirkungsvollsten ist die Mischung aus roten Trauben, Johannisbeeren und Kirschen.

Die Bedeutung der sekundären Pflanzenstoffe unterstreicht nochmals, wie wichtig eine ausreichende Zufuhr von Obst und Gemüse für unsere Gesundheit ist und dass diese auch nicht durch Vitaminpillen allein zu ersetzen sind.

Ernährungsumstellung mit Plan und Ziel

Die größte Barriere für eine Änderung der Ernährungsweise ist die eigene Gewohnheit. Gehen Sie daher langsam vor und ersetzen Sie Schritt für Schritt ungesunde, denaturierte Lebensmittel durch gesunde, natürliche und vollwertige Nahrung. Achten Sie dabei auch auf den Geschmack. Essen hat mit Genuss zu tun und nicht mit Selbstkasteiung.

➤ Essen Sie, was gesund ist, aber was auch schmeckt. Suchen Sie Ihre Nahrung nicht allein mit dem Verstand aus, sondern genießen Sie sie in Ruhe.

➤ Essen Sie pflanzenbetont. Pflanzenbetonte Nahrung ist aufgrund ihres hohen Kohlenhydrat-, Vitamin- und Mineralstoffgehalts eine richtiggehende Fitnessernährung. Dazu gehört nur noch das richtige Maß an Bewegung. Obst und Gemüse sollten Sie frei nach dem Motto »je öfter und bunter, desto besser« genießen.

»Disziplin zahlt sich langfristig aus!«

➤ Bevorzugen Sie bei Kohlenhydraten komplexe, ballaststoffreiche Vollkornprodukte und machen Sie Gemüse, Salate und Kartoffeln zur regelmäßigen Hauptmahlzeit.

➤ Essen Sie grundsätzlich wenig Fett, vor allem tierisches.

➤ Nehmen Sie Eiweiß bevorzugt aus pflanzlichen Quellen und fettarmen Milchprodukten zu sich, gelegentlich mageres Fleisch. Essen Sie mindestens einmal in der Woche Meeresfisch.

➤ Schränken Sie die Salzzufuhr ein. Gewöhnen Sie sich an den Geschmack von wenig mit Salz gewürzten Speisen und verwenden Sie unraffiniertes Meersalz.

➤ Nehmen Sie weißen und braunen Zucker sowie Honig nur in Maßen zu sich. Bedenken Sie, dass auch die Mehrzahl aller Fertiggerichte, Brote, Konserven und Fruchtsaftgetränke reichlich Zucker enthalten kann.

➤ Trinken Sie ausreichend; 2,5 bis drei Liter täglich, vornehmlich Wasser oder Saftschorle.

➤ Reichern Sie Ihre Nahrung mit vitamin- und mineralstoffhaltigen Nahrungsmitteln an (s. S. 153).

➤ Genießen Sie alkoholische Getränke in Maßen, am besten Rotwein.

➤ Rauchen Sie nicht.

➤ Essen Sie nicht, was Sie schlecht vertragen. Vielen Menschen ist zum Beispiel Milch nicht bekömmlich, da sie zu wenig Lactase produzieren, das milchspaltende Enzym.

»Am liebsten esse ich in Ruhe, ohne Ablenkung.«

➤ Nehmen Sie sich Zeit beim Essen und lassen Sie sich nicht stören. Konzentrieren Sie sich auf die Nahrungsaufnahme und verrichten Sie keine Tätigkeiten »nebenbei« wie Zeitung lesen oder fernsehen.

➤ Richten Sie die Mahlzeiten appetitlich an. *Das Auge isst mit,* daher läuft uns beim Anblick leckerer Speisen *das Wasser,* also Speichel (= Verdauungssaft) *im Mund zusammen.*

➤ Kauen Sie langsam und ausgiebig, auf diese Weise wird die Verdauung optimal vorbereitet und eingeleitet.

➤ Vermeiden Sie üppige Mahlzeiten vor dem Schlafengehen. Leichte Kost am Abend fördert einen gesunden Schlaf.

Tipps zum Abnehmen

»Beharrlichkeit führt zum Erfolg.«

➤ Achten Sie auf eine ausgewogene, gesunde Ernährung, die schmeckt.

➤ Essen Sie so viel, dass Ihre persönliche Energiebilanz stimmt.

➤ Essen Sie Ihre Eiweißmahlzeit abends. Im Schlafzustand wird Eiweiß im Gegensatz zu Kohlenhydraten und Fetten nur minimal in Fett umgewandelt.

➤ Dämpfen Sie Essgelüste zwischen den Mahlzeiten durch Getränke oder knabbern Sie eine Karotte oder ein Stück Paprika, das füllt den Magen und das Hungergefühl nimmt ab. Lenken Sie sich ab, indem Sie zum Beispiel telefonieren, spazieren gehen oder eine andere Tätigkeit durchführen.

➤ Nehmen Sie tagsüber ausreichend Kohlenhydrate in ihrer komplexen Form zu sich, das verhindert oft abendliche Hungerattacken. Bedenken Sie aber, dass ein Zuviel an Kohlenhydraten in Fett umgewandelt wird.

➤ Trinken Sie reichlich und schränken Sie die Salzzufuhr ein. Wer weniger als 2,5 Liter täglich trinkt, nimmt auch nicht so leicht ab, da die Leber vermehrt Entgiftungsarbeit leisten muss und weniger Fett verbrennen kann.

➤ Bewegen Sie sich viel und trainieren Sie Ihre Ausdauer im optimalen Fettverbrennungsbereich.

➤ Der wichtigste Tipp, den wohl jeder kennt, aber viele nicht befolgen: Essen Sie sich nicht bis obenhin voll, sondern hören Sie auf, bevor Sie völlig satt sind, und vermeiden Sie Dickmacher wie Schokolade, Kuchen, Sahne, Zucker, Cola, Chips, Hamburger, sehr fette Speisen und Alkohol in größeren Mengen.

➤ Wenn Sie als ambitionierte Freizeitsportlerin Gewicht verlieren wollen, sollten Sie etwa 75 Prozent Kohlenhydrate, 20 Prozent Eiweiß und fünf Prozent Fett zu sich nehmen.

Noch ein Hinweis: Wenn Sie mithilfe eines Fitnessprogramms Muskeln aufbauen, hilft dies auch abzunehmen, da mehr Muskeln mehr Energie für ihre Arbeit benötigen und verbrennen.

Die folgende Tabelle soll Sie dazu motivieren, besser auf Ihre Ernährung zu achten.

Nahrungsmittelenergieverbrauch durch Sport

Anhand der unten angeführten Tabelle können Sie ablesen, wie lange Sie trainieren müssen, bis Sie zugeführte Energie wieder abgearbeitet haben. Die Aktivitäten bewegen sich im aeroben Bereich, da in diesem weniger Schlackenstoffe anfallen.

Nahrungsmittel	Energie	Sportart
50 g Schokolade (½ Tafel)	275 kcal	25 Minuten lang joggen (9 km/Std.), 66 Minuten lang Fahrrad fahren (9 km/Std.) oder 53 Minuten lang schwimmen
0,5 l Bier (1 Flasche)	240 kcal	22 Minuten lang joggen (9 km/Std.) oder 40 Minuten Tennis spielen
150 g Pommes frites (1 Portion)	330 kcal	30 Minuten joggen (9 km/Std.), 94 Minuten lang leichte Gymnastik oder 76 Minuten lang wandern
1 Stück Schwarzwälder Kirschtorte	440 kcal	40 Minuten lang joggen (9 km/Std.) oder 56 Minuten lang Konditionsgymnastik durchführen
100 g geröstete Erdnüsse (1 Beutel)	600 kcal	54 Minuten lang joggen (9 km/Std.) oder 57 Minuten lang Skilanglaufen

»Kleine Sünden bedeuten zusätzliches hartes Training.«

Ich esse üblicherweise nicht spät, gegen 18:30, da ich auf das Gewicht achte. Besonders vor einem Wettkampf ist es gut, rechtzeitig das entsprechende Gewicht zu haben, sodass man nicht kurzfristig abnehmen muss. Das würde zu einem Kräfteverlust führen. Meine Gewichtsklasse, das Fliegengewicht, bewegt sich in den engen Grenzen von etwa zwei Kilogramm.

Kochen Sie nährstoffschonend

➤ Bereiten Sie Ihre Nahrung erst unmittelbar vor dem Verzehr zu.
➤ Waschen Sie Lebensmittel wie Kartoffeln nur kurz, aber gründlich.
➤ Zerkleinern Sie Ihre Nahrungsmittel nur so viel, wie notwendig, nicht mehr.
➤ Garen Sie nährstoffschonend: dünsten, in Folie, im Wok oder im Tontopf garen oder dämpfen sind schonende Zubereitungsarten.
➤ Passen Sie Temperatur und Kochzeit dem Lebensmittel an. Kurz und in wenig Wasser gedünstetes Gemüse, das »al dente« ist, mit Biss, schmeckt auch besser. Zu langes Kochen zerstört bis zu 80 Prozent des vorhandenen Vitamin C.
➤ Kochen oder braten Sie fettarm.
➤ Salzen Sie nur, wenn notwendig, am besten nach dem Kochen.
➤ Vermeiden Sie langes Warmhalten von Speisen und stellen Sie nicht verzehrte Lebensmittel sofort in den Kühlschrank.

Und vor dem Kochen sollten Sie:
➤ Nur frisches Obst und Gemüse kaufen.
➤ Langes Lagern von Obst und Gemüse meiden. Grünkohl verliert zum Beispiel schon nach einem Tag 40 Prozent seines Vitamin-C-Gehaltes. Ausnahme: Winterlagern von Kartoffeln und Äpfeln. Diese dann kühl und Kartoffeln zusätzlich im Dunkeln aufbewahren.

Fitmacher – Nahrung: unser täglicher Treibstoff

Grundlage Ihrer Ernährung sollte eine abwechslungsreiche Kost sein, die reich an Obst und Gemüse ist. Grundsätzlich sind Lebensmittel aus der biologischen Erzeugung zu empfehlen, da in der Regel der Vitamin- und Mineralstoffgehalt höher und der Schadstoffgehalt geringer ist als beim konventionellen Anbau. Achten Sie aber vor allem darauf, dass Obst und Gemüse möglichst frisch sind. Ansonsten ist frisches Obst und Gemüse der jeweiligen Jahreszeit, zum Beispiel vom Gärtner, lange gelagertem Biogemüse vorzuziehen. Frische Lebensmittel sollten auch bald verwertet werden.

»Ich esse mit den Jahreszeiten Obst und Gemüse der Saison.«

Nahrungsmittelhitparade

Empfehlenswerte Kohlenhydrate

Verschiedene Naturgetreideflocken, Getreidekörner und -keime, besonders Dinkel; Frischkornbrei und Müsli (ungezuckert), brauner Reis, Kartoffeln, Teigwaren, Vollkornbrot, Gemüse, Hülsenfrüchte und Salate, Obst, Kräuter, Honig (kaltgeschleudert). Auch Zubereitungen wie Tofu, vegetarische Brotaufstrichpasten und unerhitztes Nussmus sind zu empfehlen.

Im Winter milchsaures Gemüse: Sauerkraut oder Rotkraut, Bohnen, Gurken, Karotten.

Süßen in Maßen, mit natürlichen Stoffen wie Honig, Ahornsirup oder Birnendicksaft.

Tipp: Essen Sie junge Kartoffeln und Obst mit Schale, wenn sie ungespritzt sind. In der Schale und direkt darunter sitzen viele Vitalstoffe. Luftgetrocknete bzw. gefriergetrocknete Lebensmittel, wie zum Beispiel Kräuter, kommen frischen am nächsten. Auch Tiefkühlkost ist geeignet.

Empfehlenswerte Proteinquellen

Tierisch: Fisch, besonders Meeresfisch; Wild, mageres Fleisch von Geflügel und Rind; fettarme Milchprodukte, besonders Quark und Sauermilcherzeugnisse (Joghurt, Kefir, Dickmilch, Buttermilch) mit Bakterienkulturen, die für eine gesunde Darmflora sorgen; Käse und Eier in Maßen (Parmesan, Pecorino und körniger Frischkäse sind fettarm).

Pflanzlich: Getreideflocken und Getreidekörner, Vollkornbrot, Nüsse und Mandeln, Hülsenfrüchte (Sojabohnen, weiße und grüne Bohnen, Linsen, Erbsen), Vollkornreis (zumindest parboiled Reis).

Empfehlenswerte Fette und Öle

Kleinere Mengen kalt gepresster, nicht erhitzter pflanzlicher Öle, mit hohem Anteil an ungesättigten Fettsäuren: Distelöl, Sojaöl, Weizenkeimöl, Leinöl, Walnussöl, Sonnenblumenöl, Maiskeimöl, Olivenöl (nicht Kokosfett!).

Empfehlenswerte Getränke

»Wasser ist für mich immer noch der beste Durstlöscher.«

Quellwasser und Mineralwasser aus Quellwasser, Brunnenwasser, ungechlortes Leitungswasser, Kräuter- und Früchtetees (enthalten Polyphenole); naturreine Frucht- und Gemüsesäfte, Molke, milchsaure Gemüsemoste.

Mischgetränke: Fruchtsaft oder Gemüsesaft mit Mineralwasser (1:3 gemischt).

Zum Elektrolytersatz nach Sport und zur Kräftigung: Obstessig mit Mineralwasser und etwas Honig; Gemüsebrühe mit natürlichem unraffiniertem Meersalz; Elektrolytdrinks.

Kohlensäurehaltige Getränke sind nicht zu empfehlen, da sie unserem Organismus Säure zufügen und die meisten Menschen ohnehin übersäuert sind.

Nicht empfehlenswerte Nahrungsmittel

Je stärker industriell verarbeitet und erhitzt ein Lebensmittel wurde, desto weniger Vitamine und Mineralien enthält es. Aus diesem Grund sind zum Beispiel isolierte Zucker (weißer und brauner Zucker, Fruchtzucker), Weißmehl und seine Produkte, Fertigsoßen, Schlankheitspräparate, Instant-Getränke, Limonade und Cola nicht zu empfehlen.

Natürlich ist nichts gegen ein gelegentlich genossenes Stück Kuchen, Weißbrot oder Schokolade einzuwenden. Achten Sie aber darauf, dass Ihre Nahrung ansonsten gesund und ausgewogen ist.

Vitalstoffreiche Nahrungsmittel zur Ernährungsaufwertung

Die folgenden Nahrungsmittel haben einen besonders hohen Vitamin- und Mineralstoffgehalt. Viele von ihnen wie Gewürzkräuter, Samen, Algen und Weizenkeime sind dazu geeignet, die tägliche Ernährung aufzuwerten: Weizenkeime, Nüsse oder Bierhefe können Sie zum Beispiel dem morgendlichen Müsli beigeben, frische Kräuter würzen hervorragend die unterschiedlichsten Speisen und Salate. Algen eignen sich als Beigabe zu Suppen und Pflanzen- und Getreidekeimlinge, die zu den wertvollsten Nahrungsmitteln überhaupt gehören, sind eine herrliche Zugabe für Salate, Gemüse, Gemüseeintöpfe und Gemüsesuppen. Keimlinge sollten erst am Schluss beigefügt und nur kurz erwärmt, nicht mehr gekocht werden.

Liste vitalstoffreicher Nahrungsmittel

➤ Hülsenfrüchte wie Bohnen, Linsen, Erbsen als Eintopf, Salat oder Beilage; auch in Form vegetarischer Brotaufstriche oder Tofu (quarkähnliches Sojaerzeugnis)
➤ Frische Garten- und Wildkräuter wie zum Beispiel Petersilie, Schnittlauch, Kresse, Basilikum, Rosmarin, Thymian, Knoblauch, Zwiebel, Meerrettich usw.
➤ Pflanzenkeimlinge aus zum Beispiel Sojabohnen (oder anderen Bohnen), Kresse, Alfalfa und Getreidekeime
➤ Nüsse und Mandeln, Sonnenblumenkerne, Sesamsamen, auch geraspelt und in Musform (unerhitzt)
➤ Weizenkeime

➤ Meeresalgen
➤ Bierhefe und Hefeflocken
➤ Frisches Obst und Oliven (ungespritzt)
➤ Ungeschwefeltes Trockenobst wie getrocknete Bananen, Aprikosen, Datteln und Feigen (sehr nährstoffreich durch hohen Fruchtzuckergehalt)
➤ Verschiedene Pilze wie zum Beispiel Shiitake oder Steinpilze aus biologischem Anbau
➤ Fruchtmuttersäfte und nicht erhitzte Gemüsesäfte

Vitalstoffreiche Snacks und Drinks

Gemüsesäfte und Gemüsesuppen (z. B. Tomaten-, Karotten-, Kartoffelsuppe oder die italienische Minestrone) sind eine gute Möglichkeit, auf Kalorien sparende Weise mehr Gemüse zu uns zu nehmen. Tomatensaft ist beispielsweise durch seinen Inhaltsstoff Lykopin stark antioxidativ wirksam. Wenn Sie eine Saftpresse besitzen, können Sie sich Gemüsesaft selbst herstellen. Auch verschiedenste Gemüseeintöpfe mit z. B. Kartoffeln, Linsen oder Bohnen sind ausgesprochen vitalstoffreich. Aus Bohnen, Kichererbsen oder Buchweizen können Sie sogar Pasten fertigen, die als Brotaufstrich geeignet sind.

Zum Frühstück Müsli oder Frischkornbrei mit Nüssen und Obst in Fruchtsaft oder Sauermilchprodukten, mittags Eintopf und abends gedünstetes Obst, Gemüse oder eine Proteinmahlzeit mit Gemüse wären vitalstoffreiche Möglichkeiten einer Ernährung. Auf Rohkost am Abend sollten Sie verzichten, da sie leicht gärt und daher die Nachtruhe stören kann.

Drinks

Der Fantasie für vitalstoffreiche Drinks sind kaum Grenzen gesetzt. Achten Sie aber auf die Qualität der Zutaten.

Bananenshake: 1 kleine Banane, 300 ml Apfelsaft, 1 EL grob gehackte Haselnüsse. Statt Apfelsaft können Sie auch Buttermilch oder Kefir verwenden.

Birnen-Apfel-Drink: 150 ml Birnensaft, 300 ml Apfelsaft, 2 EL fettarmen Quark, 1 EL Birnensaftkonzentrat, eine Prise Zimt und evtl. Eiswürfel.

Blaubeermix: 60 g Heidelbeeren, 250 g Buttermilch.

Ingwer-Orangen-Drink: 300 ml Orangensaft, 100 ml Mineralwasser, Saft einer halben Zitrone, 1 TL Honig, 1 Prise frisch geriebener Ingwer.

Milch-Mango-Shake: 300 ml fettarme Milch, 50 mg Mango Vollfrucht, 50 ml Orangensaft, 1 EL Apfelsaftkonzentrat, zwei kleine Minzblätter.

Möhren-Nuss-Cocktail: 200 ml Karottensaft, 100 ml Aprikosennektar, 1 EL Haselnuss- oder Mandelmus, 50 ml Mineralwasser, Saft einer halben Zitrone, eine Prise Nelkenpulver.

Muntermacher: ¼ Liter Karottensaft, Saft 1 Zitrone, 1 geriebener Apfel, 1 EL saure Sahne, etwas gehackte Petersilie.

Die Drinks im Mixer vermischen und gekühlt servieren.

Pflanzenmilchkrafttrunk: 1 EL Haselnuss- oder Mandelmus, 1 EL Sojamilch, 100 ml Muttersaft oder gemixte Früchte je nach Geschmack mit Mineralwasser auffüllen.

Ein guter Durstlöscher für heiße Tage, allerdings nicht jedermanns Geschmack, ist Mineralwasser mit etwas frisch gepresstem Zitronensaft und einem Teelöffel Obstessig.

Fitmacher – Nahrungsergänzung

Nach wie vor wird über Sinn und Unsinn hoch dosierter Nahrungs-ergänzungspräparate mit Vitaminen und Mineralstoffen viel diskutiert. Einige Fakten sollte man sich aber dabei bewusst machen:

➤ Der hohe Anteil industriell verarbeiteter Lebensmittel in der täglichen Kost hat zu einer drastischen Verarmung des Vitamin- und Mineralstoffgehalts geführt. Beim Ausmahlen von Getreidekörnern zum Beispiel werden die sehr kalzium- und magnesiumreichen Außenhäute des Getreides entfernt. Dieses ballaststoff- und mineralstoffreiche »Abfallprodukt« Kleie bekommen Schweine als Kraftfutter. Wir dagegen begnügen uns mit dem »leeren« weißen Mehl.

➤ Viele Böden sind durch einseitige Anbaumethoden, Hochleistungswirtschaft und Überdüngung ausgelaugt und entmineralisiert. Die Qualität von Getreide, Obst und Gemüse hängt aber ab von der Qualität des Bodens, auf dem sie angebaut werden.

➤ Von den zahlreichen Untersuchungen, die inzwischen den therapeutischen Wert von Vitaminen und Mineralstoffen in der Behandlung und Vorbeugung verschiedener Krankheiten belegen, soll an dieser Stelle eine genannt werden: Die regelmäßige Einnahme von Multivitaminen und hoher Mengen Vitamin C (mindestens 300 mg/Tag) und Vitamin E (mindestens 75 mg/Tag) führte bei Männern und Frauen zu einem Rückgang der Sterblichkeit, speziell auch an Herz-Kreislauf-Erkrankungen und Krebs. Hochgerechnet auf die Lebenserwartung ergab sich eine durchschnittliche Lebensverlängerung von sechs Jahren. Das bedeutet nun nicht, dass diese Stoffe als Medikamente für diese schweren Krankheiten anzusehen sind. Es zeigt aber ihren hohen Wert in der Vorbeugung und Gesunderhaltung.

➤ In etwa jedem dritten Haushalt in Deutschland herrscht Kalziummangel, in jedem fünften Magnesiummangel.

➤ Allein mit Lebensmitteln können größere Antioxidantienmengen (s. u.) kaum aufgenommen werden. So müsste man 20–40 Orangen auspressen oder 50–80 Äpfel essen, um ein Gramm Vitamin C auf diese Weise zu sich zu nehmen.

Beginnen Sie aber nun nicht, aus Angst vor Erkrankungen zahlreiche Zusatzpräparate einzunehmen. Basis jeder gesunden Kost ist eine abwechs-

lungsreiche, ausgewogene Ernährung. Sie kann nicht durch Nahrungs-
ergänzungspräparate irgendwelcher Art ersetzt werden! Wertvoll sind
diese Präparate aber im Bereich der gezielten Krankheitsvorbeugung und
Leistungssteigerung und in den im Folgenden geschilderten Situationen.

Nahrungsergänzung kann sinnvoll sein,

➤ wenn ein entsprechender Mangel festgestellt wurde,
➤ bei Magen-Darm-Störungen,
➤ bei Fastenkuren,
➤ bei erhöhter Infektanfälligkeit,
➤ im Leistungssport,
➤ bei Überlastung mit giftigen Spurenelementen wie zum Beispiel
  Schwermetallen,
➤ wenn Sie rauchen oder berufsbedingt oder durch große Luftver-
  schmutzung ständig Umweltgiften ausgesetzt sind,
➤ bei erhöhtem Bedarf, etwa bei Schwangeren, bei älteren Menschen
  oder bei großer Stressbelastung.

Sollten Sie zu einer dieser Gruppen gehören, lassen Sie sich von einem
Fachmann beraten, ob ein erhöhter Bedarf oder Mangel an Vitalstoffen
vorherrscht und welche Nahrungsergänzungen für Sie ratsam sind.
Beachten Sie dabei aber, dass eine Ergänzung zur täglichen Nahrung
entsprechend hoch dosiert werden muss, damit sie auch eine Wirkung
zeigt. Niedrig dosierte Multivitaminpräparate sind in der Regel rausge-
schmissenes Geld. Besser ist es in diesem Fall, die tägliche Nahrung mit
vitalstoffreichen Nahrungsmitteln anzureichern (s. S 153).
  Einige Beispiele können dies verdeutlichen: Für eine vorbeugende
Wirkung von Vitamin C müssen täglich mindestens 300 Milligramm
eingenommen werden, für Vitamin E 75–100 Milligramm.
  Der medizinische Zweig, der sich mit dem Nutzen von Nähr- und
Vitalstoffen beschäftigt, ist die orthomolekulare Medizin. Der Begriff
geht zurück auf den Biochemiker und zweifachen Nobelpreisträger
Linus Pauling. Er erforschte als Erster die gezielte Anwendung von Stoffen wie Vitamine und Mineralien, die natürlicherweise in unserem Körper vorhanden sind, und ihren Nutzen zur Erhaltung der Gesundheit und
in der Krankheitsbehandlung. Er betonte die Bedeutung orthomolekularer Stoffe, da sie in die verschiedensten grundlegenden Stoffwechselvorgänge schützend eingreifen – etwa beim Eiweiß- und Fettstoffwechsel,
der bei der Entstehung von Herzerkrankungen die Hauptrolle spielt –

und sie die Struktur unserer Erbanlagen (DNS) vor krebsartigen Degenerationen bewahren. Dabei ist die so genannte antioxidative Eigenschaft (s. u.) verschiedener Vitamine und Mineralstoffe besonders wichtig.

Zwei Begriffe werden häufig genannt, wenn von Vitaminen und Mineralstoffen die Rede ist: *freie Radikale* und *Antioxidantien.*

Freie Radikale: Man hat inzwischen entdeckt, dass bei jeder Form von Dauerstress, sei es durch Krankheiten, psychische Konflikte und Traumata, Genuss- und Umweltgifte, regelmäßige Einnahme chemischer Medikamente, extreme körperliche Belastung oder unausgewogene Ernährung, vermehrt freie Radikale gebildet werden. Das sind sehr reaktionsfreudige Sauerstoffmoleküle, die den Alterungsprozess unserer Zellen beschleunigen, indem sie Zellbestandteile, Zellmembranen und auch Erbanlagen schädigen. Freie Radikale werden heute als eine Mitursache angesehen für die Entstehung von Allergien, Arteriosklerose, Rheuma und Krebs.

Antioxidantien: Darunter versteht man natürliche Substanzen wie die Vitamine A, E und C, Mineralien (Selen, Mangan, Zink) und sekundäre Pflanzenstoffe, deren Zufuhr für uns unerlässlich ist. Bei einem gesunden Menschen befinden sie sich im Gleichgewicht mit den freien Radikalen. Erst wenn Letztere überhand nehmen, kommt es zu den beschriebenen schädlichen Auswirkungen. Sie sollten dann auf eine vermehrte Zufuhr antioxidativer Stoffe achten.

Pflanzen, ihre Samen und Keime werden mithilfe dieser Stoffe vor oxidativen Schäden durch zu intensive Sonneneinstrahlung und andere Umwelteinflüsse geschützt. Eine große Zahl dieser pflanzlichen Antioxidantien findet sich in den Schalen und knapp unterhalb der Schale, bei Zitrusfrüchten zum Beispiel in der weißen Haut, die die Frucht umgibt. Daher sollten wir auch möglichst den ganzen Apfel und das ganze Getreidekorn essen. Nur auf diese Weise können wir das Optimum für unsere Gesundheit nutzen. Die Natur bietet es uns an, aber nutzen wir es?

Dosierungsrichtlinien

Die folgenden Richtlinien für eine ergänzende Zufuhr von Vitaminen und Mineralstoffen dienen der Krankheitsvorbeugung, der Steigerung des Leistungsvermögens und des Wohlbefindens. Wenn Sie sich für bestimmte Präparate interessieren oder diese Stoffe für die Therapie von Krankheiten verwenden wollen, sollten Sie sich an einen Fachmann wenden, der nach einer entsprechenden Untersuchung eine individuell dosierte Nahrungsergänzung verordnen wird. Das Gleiche gilt für den gezielten Einsatz einzelner Vitamine und Mineralstoffe zum Beispiel bei Sportlern und Sportlerinnen, Schwangeren oder älteren Menschen.

Tägliche Einnahmeempfehlung von orthomolekularen Substanzen (Vitaminen und Mineralstoffen) zur Erhaltung von Gesundheit und Vitalität

Bei den in der folgenden Tabelle (s. S. 161) angegebenen Mengen nach der orthomolekularen Medizin handelt es sich um Mindestdosierungen für eine feststellbare Wirkung. Sie sollten bei entsprechendem Bedarf täglich zugeführt werden. Zum Vergleich wurden auch die Dosierungsempfehlungen des zweifachen Nobelpreisträgers Linus Pauling angegeben, die derzeit gültigen Angaben der Deutschen Gesellschaft für Ernährung (DGE) und die international bekannten sicheren Obergrenzen bei einer täglichen Zufuhr.

Linus Pauling hatte bereits vor 25 Jahren zur Erhaltung von Gesundheit und Vitalität die zusätzliche Gabe aller wesentlichen Vitamine und Mineralstoffe empfohlen, zum Teil in hoher Dosierung. Die im letzten Jahrzehnt durchgeführten wissenschaftlichen Studien und Forschungsergebnisse bestätigen seine erstmals 1968 veröffentlichten Auffassungen.

Sind Vitalstoffpräparate schädlich?

Grundsätzlich handelt es sich bei Vitalstoffen um körpereigene Substanzen, an die unser Körper bestens angepasst ist. Das bedeutet, dass er sie gut verwerten oder auch ausscheiden kann, je nach Erfordernis. Vitalstoffe begleiten uns bereits durch unsere ganze Entwicklungsgeschichte. Aus diesem Grund handelt es sich auch um sehr nebenwirkungsarme Stoffe, vorausgesetzt, man hält sich an die angegebenen Dosierungen.

Ganz anders sind die meisten körperfremden Arzneistoffe ausgesprochen nebenwirkungsreich.

Achten Sie bei Zusatz- und Füllstoffen zum Beispiel in Kapseln darauf, dass sie rein pflanzlichen Ursprungs sind.

Einnahme von Vitalstoffpräparaten

Für eine vorbeugende und therapeutische Wirkung von Vitalstoffpräparaten muss die Dosierung entsprechend hoch sein und die Präparate müssen langfristig eingenommen werden, etwa als Kur über mehrere Monate hinweg. Da sich Vitamine und Mineralien gegenseitig in ihrer Wirkung ergänzen und unterstützen, bietet nur die gleichzeitige Gabe zahlreicher Substanzen einen ausreichenden und vorbeugenden Krankheitsschutz. Wie bei einer Kette müssen möglichst alle Glieder der Kette gestärkt werden.

Ist ein Mangel festgestellt worden, dauert es meist Wochen oder Monate, bis ein solches Ungleichgewicht wieder behoben ist. Grundsätzlich sollten Nahrungsergänzungsmittel nach einer Mahlzeit eingenommen werden.

Achten Sie auch auf die Resorbierbarkeit von Vitaminen und Mineralien. Dazu sollten Vitamine und Mineralstoffe in einem Präparat in einem ausgewogenen Verhältnis zueinander stehen, zum Beispiel Kalzium zu Magnesium im Verhältnis von 2–3 zu 1. Sonst kann es langfristig zu Stoffwechselungleichgewichten kommen. Als orthomolekular bezeichnete Produkte erfüllen in der Regel diese Voraussetzungen.

Für die Einnahme von Vitamin C ist es nützlich, wenn es allmählich abgegeben wird (so genannte Retardwirkung). Auf diese Weise kann unser Körper es wesentlich leichter aufnehmen. Vitamin C in 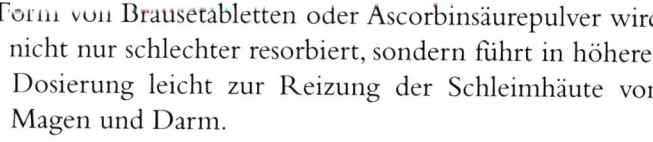 Form von Brausetabletten oder Ascorbinsäurepulver wird nicht nur schlechter resorbiert, sondern führt in höherer Dosierung leicht zur Reizung der Schleimhäute von Magen und Darm.

Tägliche Einnahmeempfehlung von orthomolekularen Substanzen (Vitaminen und Mineralstoffen) zur Erhaltung von Gesundheit und Vitalität

Vitamine	Orthomolekulare Medizin	Linus Pauling	DGE	Sichere Obergrenze
Vitamin A*	2.000–5.000 I.E. (0,25–0,5 mg)	20.000 I.E. (= 2 mg)	1 mg	3 mg
+ Beta-Carotin =	10.000–15.000 I.E. (6,25–6,5 mg)		6 mg	25 mg
Vitamin B_1	5–40 mg	50 mg	1,3 mg	50 mg
Vitamin B_2	5–40 mg	50 mg	1,7 mg	200 mg
Vitamin B_3 (Nicotinamid)	50–300 mg	300 mg	18 mg	1.500 mg
Vitamin B_5 (Pantothensäure)	10–30 mg	100 mg	6 mg	1.000 mg
Vitamin B_6	5–40 mg	50 mg	1,8 mg	200 mg
Vitamin B_9 (Folsäure)	0,4–1 mg	0,4 mg	0,4 mg	1 mg
Vitamin B_{12}	5–15 µg	100 µg	3 µg	3.000 µg
Vitamin C*	mind. 300 mg	mind. 1.000 mg	100 mg	2.000 mg
Vitamin D	3–10 µg	15 µg	5 µg	20 µg
Vitamin E*	50–200 mg	300 mg	12 mg	800 mg
Vitamin H (Biotin)	100–500 µg	–	60 µg	2.500 µg
Vitamin K	30–120 µg	–	80 µg	150 µg
Mineralstoffe + Spurenelemente				
Kalzium (v. a. Frauen)	100–600 mg	100 mg	900 mg	1.500 mg
Chrom	30–150 µg	150 µg	60 µg	1.000 µg
Eisen	8–30 µg	18 µg	10 µg	50 µg
Jod	150–300 µg	150 µg	200 µg	1.000 µg
Kupfer	0,5–4 mg	1 mg	1 mg	9 mg
Magnesium	400 mg	25 mg	400 mg	700 mg
Mangan	2–5 mg	3 mg	2 µg	20 µg
Molybdän	60–300 µg	150 µg	80 µg	300 µg
Selen*	50–200 µg	150 µg	30 µg	900 µg
Zink	10–20 mg	15 mg	10 mg	60 mg
Vitaminoide (vitaminähnliche Substanzen)				
Beta-Carotin*	5–20 mg	– (s. Vit. A)	6 mg	25 mg
Carnitin	200–400 mg			
Omega-3-Fettsäuren	mind. 0,5 g			
Ubichinon (Coenzym Q10)	15–30 mg			

* so genannte Antioxidantien

Zu den Maßeinheiten: 1 mg Vitamin A (Retinol) = 6 mg reines Beta-Carotin = 10.000 internationale Einheiten (I.E.) = 12 mg Carotinoide.

Vitalstoffbedarf in speziellen Situationen

Sport

Grundsätzlich sollte die Ernährung von Sportlern besonders reich an Gemüse, Salat, Obst und Getreide sein. Oft ist auch die zusätzliche Einnahme von Vitalstoffpräparaten sinnvoll.

Verschiedene sportmedizinische Untersuchungen haben zum Beispiel gezeigt, dass die Einnahme orthomolekularer Substanzen die Infektanfälligkeit von Sportlern drastisch vermindern kann.

Beim Leistungssport, aber auch im leistungsorientierten Breitensport können generell drei Probleme entstehen:

1. Mit dem Schweiß werden Mineralien, Spurenelemente, aber auch Vitamine ausgeschieden. Der Verlust von einem bis eineinhalb Litern Schweiß kann die Leistungsfähigkeit eines Sportlers um etwa 20 Prozent vermindern und so Ursache von Sportunfällen sein.

In einem Liter Schweiß sind durchschnittlich enthalten:

➤ 1.200 mg Natrium
➤ 300 mg Kalium
➤ 160 mg Kalzium
➤ 36 mg Magnesium
➤ 50 mg Vitamin C

Zum Ausgleich der Flüssigkeitsverluste vor allem beim Wettkampf und Ausdauertraining stehen spezielle »isotonische« Sportgetränke mit Natrium und Kalium und Mineralwässer zur Verfügung, die einem Leistungsabfall vorbeugen. Im Freizeitsport ist das wichtigste Getränk stilles Mineralwasser, als Schorle mit Fruchtsaft gemischt.

2. Der erhöhte Energiebedarf beim Sport führt zu einer verstärkten Aktivität von Enzymen und damit zwangsläufig zu einem vermehrten Bedarf an Vitaminen, Mineralstoffen und Spurenelementen, die Bestandteile dieser Enzyme sind. Der vergrößerte Bedarf an diesen Vitalstoffen kann zu einer Schwächung der Immunabwehr führen und sich in einer erhöhten Anfälligkeit für Infektionen äußern. Außerdem kann es zur Abnahme der Leistungs- und Regenerationsfähigkeit kommen und damit zu verstärkter Verletzungsgefahr. Dabei sind Muskelverletzungen am häufigsten – Muskelkrämpfe und Muskelverhärtungen bis hin zum Muskelriss.

3. Ein weiterer Punkt ist, dass aufgrund des höheren Sauerstoffverbrauchs vermehrt freie Radikale anfallen, was zu einem erhöhten Bedarf an antioxidativen Vitaminen A, C, E, Beta-Carotin und Selen führt.

Eiweißkonzentrate (Proteindrinks): Viele Sportlerinnen und Sportler verwenden auch Eiweißkonzentrate, die in flüssiger Form zugeführt werden. Solche Eiweißhydrolysate (auch Protein- oder Aminosäurenhydrolysate genannt) sind chemisch vorbehandelte, zum Teil bereits in Eiweißbruchstücke und Aminosäuren zerlegte Eiweiße. Proteindrinks haben den Vorteil, dass sie leicht verdaut und aufgenommen werden können. Zur Regenerierung von Eiweißstrukturen und Muskelgewebe werden dann nur 24 Stunden gebraucht, sodass sie besonders vor Wettkämpfen und bei intensivem Training als gelegentlicher Zusatz für Leistungssportler zu empfehlen sind. Im Freizeitsport spielen sie keine Rolle.

Besonderheiten bei Frauen: Als sportlich aktive Frau sollten Sie Ihren Bluteisenspiegel regelmäßig überprüfen lassen. Sportler haben allgemein und Sportlerinnen im Besonderen einen erhöhten Eisenbedarf: Erstens vermehrt hartes Training den Bedarf, zweitens führt die monatliche Menstruation bei Frauen zu einem zusätzlichen Eisenverlust. Eisen ist zum Beispiel in Schnittlauch, Vollkornprodukten, Bierhefe, Hirse, Weizenkeimen, Aprikosen und Hülsenfrüchten enthalten. Besonders eisenreich ist Leber.

»Beim Boxen steht das Training der Kraftausdauer im Vordergrund. Da dadurch die Muskulatur stark beansprucht wird, nehme ich gelegentlich einen Eiweißdrink zu mir. Sonstige Zusatzpräparate habe ich bis jetzt nicht gebraucht, aber ich achte auf eine gesunde Ernährung.«

Anhang

Abbildungen
zum Verlauf der Meridiane

Diese Abbildungen zeigen die Meridianverläufe, also die Energieleit-
bahnen nach der Theorie der klassischen chinesischen Medizin (TCM).
Stellen Sie sich die Meridianverläufe vor, während Sie die Übungen ab
S. 50 durchführen; so können Sie ihre Wirkung intensivieren.

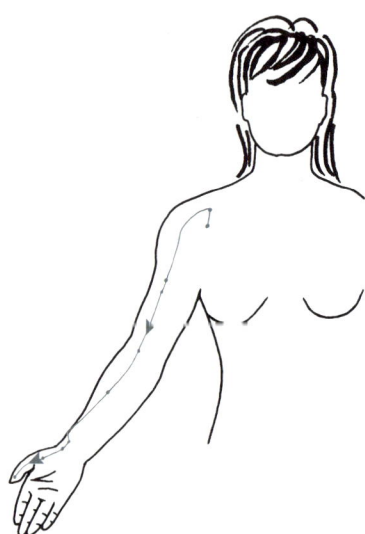

Lungen-Meridian

Dickdarm-Meridian

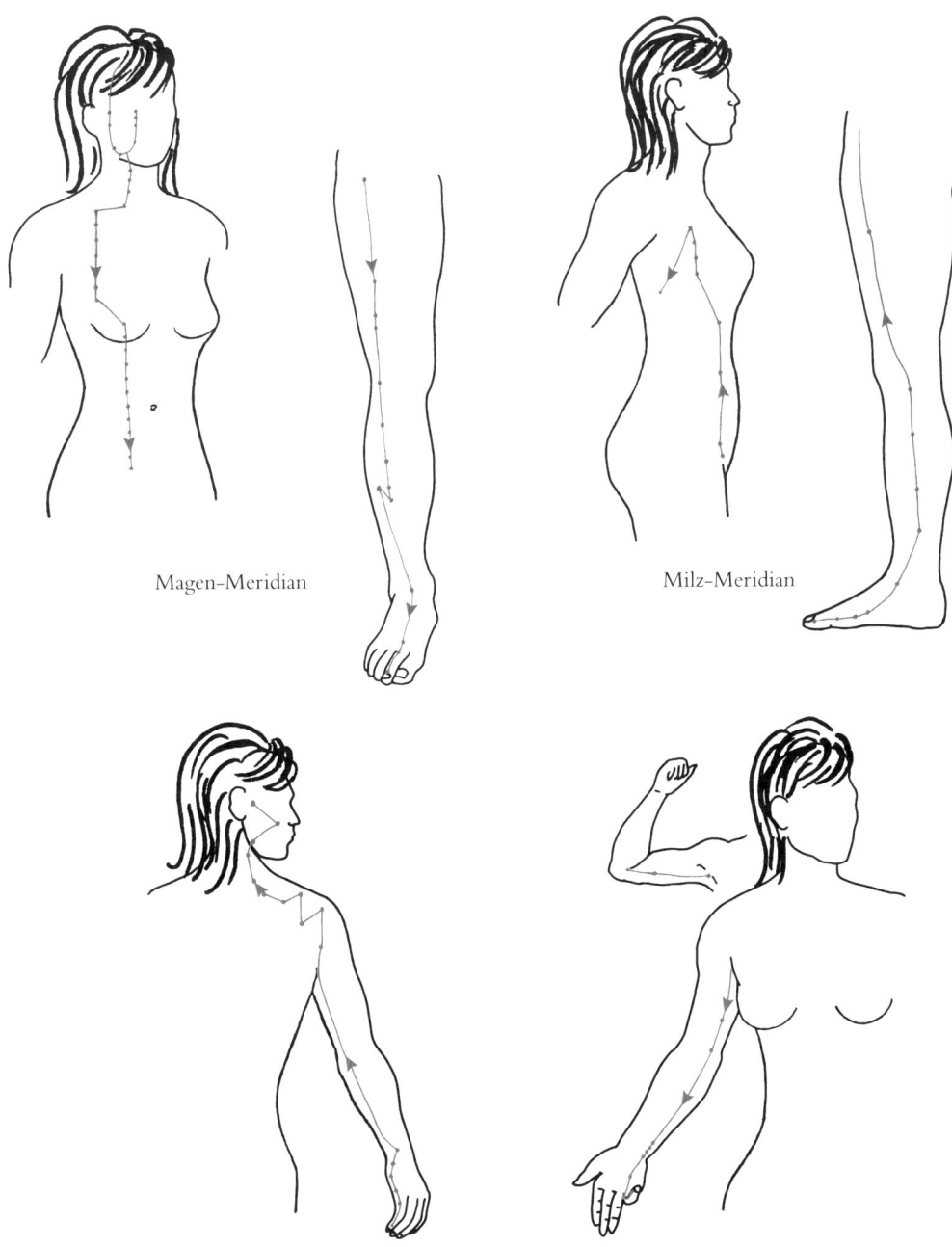

Magen-Meridian

Milz-Meridian

Dünndarm-Meridian

Herz-Meridian

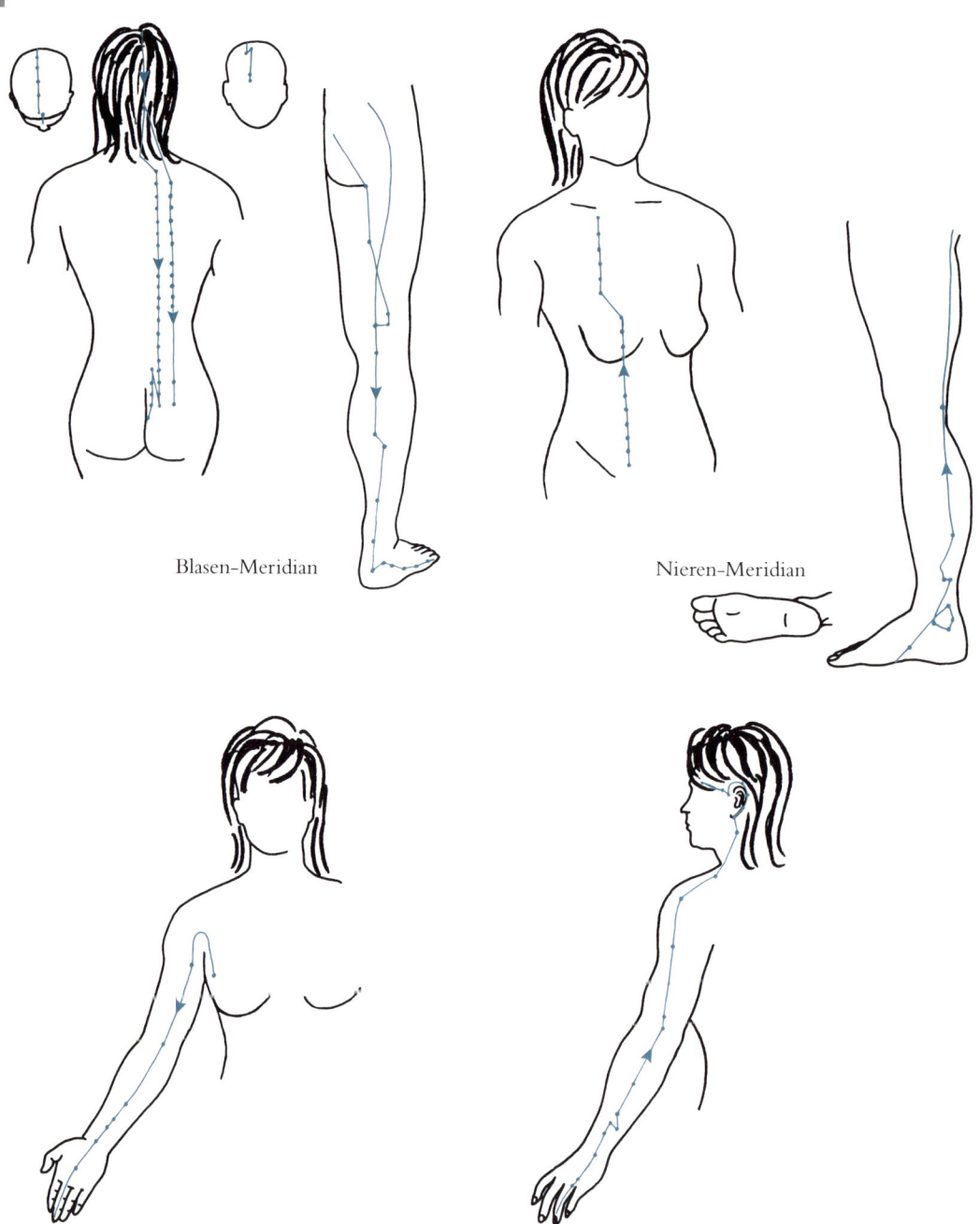

Blasen-Meridian

Nieren-Meridian

Herz-Kreislauf-Meridian

Dreifacher-Erwärmer-Meridian

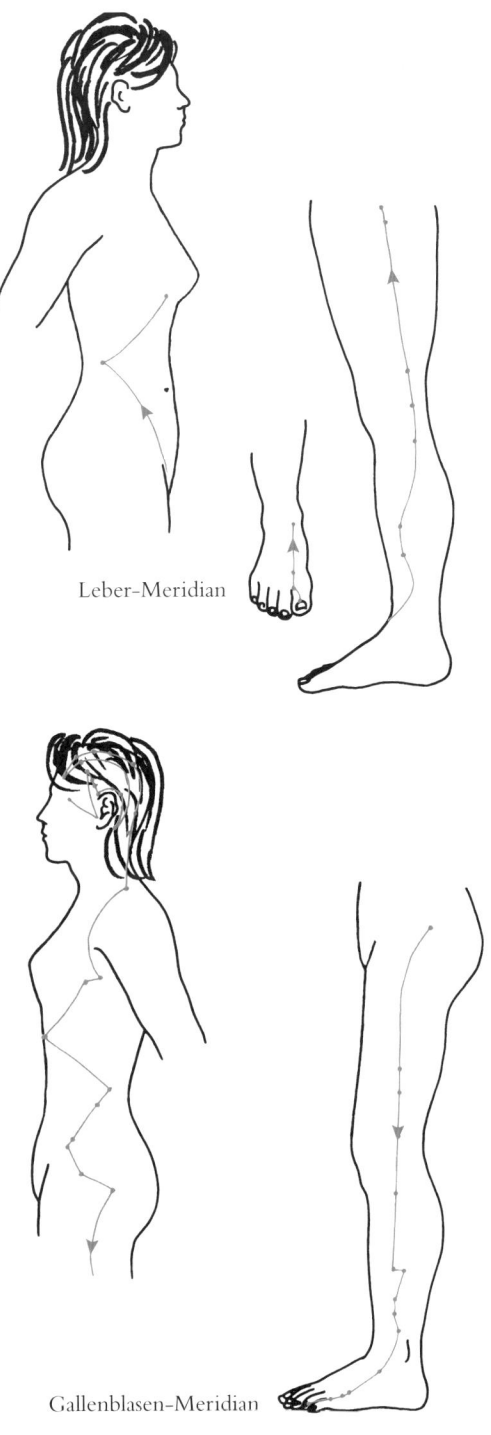

Leber-Meridian

Gallenblasen-Meridian

Register

Danksagung

Für die tatkräftige Unterstützung bei der Herstellung dieses Buches
möchte ich mich an dieser Stelle ganz herzlich bedanken bei

meinem Management **köster + co**

dem Fotografen **Heiner Köpcke** von köster + co

Wolfgang Möhring für die fachliche Beratung bei allen gesundheitlichen Aspekten und die Unterstützung bei der Erstellung
der Übungsprogramme

und dem **Heinrich Hugendubel Verlag**, der die Veröffentlichung
dieses Buches ermöglichte.

SIMPLY THE BEST

▶ **MANAGEMENT:**
Klaus-Peter Kohl • Peter Hanraths • Mohamed Hedi • Jean-Marcel Nartz

▶ **SCHWERGEWICHT**
Dr. Wladimir Klitschko
Dr. Vitali Klitschko (INT. WBA-MEISTER)
Sinan Samil Sam (EUROPAMEISTER)
Konstantin Onofrei (INT. DEUTSCHER MEISTER)
Juan Carlos Gomez
Luan Krasniqi
Alexander Dimitrenko
Ahmet Öner
Balu Sauer

▶ **CRUISERGEWICHT**
Alexander Petkovic (INT. WBC-MEISTER)

▶ **HALBSCHWERGEWICHT**
Dariusz Michalczewski (WBO-WELTMEISTER)
Zsolt Erdei (INT. WBO-MEISTER)
Stipe Drews (EUROPAMEISTER + INT. IBF-
MEISTER + INT. DEUTSCHER MEISTER)
Thomas Ulrich (INT. WBC-MEISTER)

▶ **SUPERMITTELGEWICHT**
Jürgen Brähmer (INT. WBC-MEISTER)
Mario Veit (INT. IBF-MEISTER + EU-CHAMPION)
Armand Krajnc

▶ **MITTELGEWICHT**
Felix Sturm (IBF-JUNIORENWELTMEISTER)
Bert Schenk

▶ **SUPERWELTERGEWICHT**
Sergej Dzindziruk (INT. WBO-MEISTER)
Koren Gevor

▶ **WELTERGEWICHT**
Michel Trabant
Steven Küchler

▶ **JUNIORWELTERGEWICHT**
Andreas Kotelnik (INT. WBA-MEISTER)

▶ **LEICHTGEWICHT**
Artur Grigorian (WBO-WELTMEISTER)

▶ **FLIEGENGEWICHT**
Wladimir Sidorenko

▶ **JUNIOR-BANTAMGEWICHT**
Daisy Lang (WIBF-WELTMEISTERIN +
GBU-WELTMEISTERIN BANTAMGEWICHT+
GBU-WELTMEISTERIN SUPERBANTAM-
GEWICHT)

▶ **JUNIOR-FLIEGENGEWICHT**
Regina Halmich (WIBF-WELTMEISTERIN+
WIBF-WELTMEISTERIN FLIEGENGEWICHT)

▶ **TRAINER**
Fritz Sdunek • Michael Timm • Torsten Schmitz • Magomed Schaburow

UNIVERSUM BOX-PROMOTION
AM STADTRAND 27
D-22047 HAMBURG, GERMANY
FON: +49-40-69 65 59-0
FAX: +49-40-69 65 59-50
WWW.BOXING.DE

© GREMMER DIALOG GMBH 05/2003

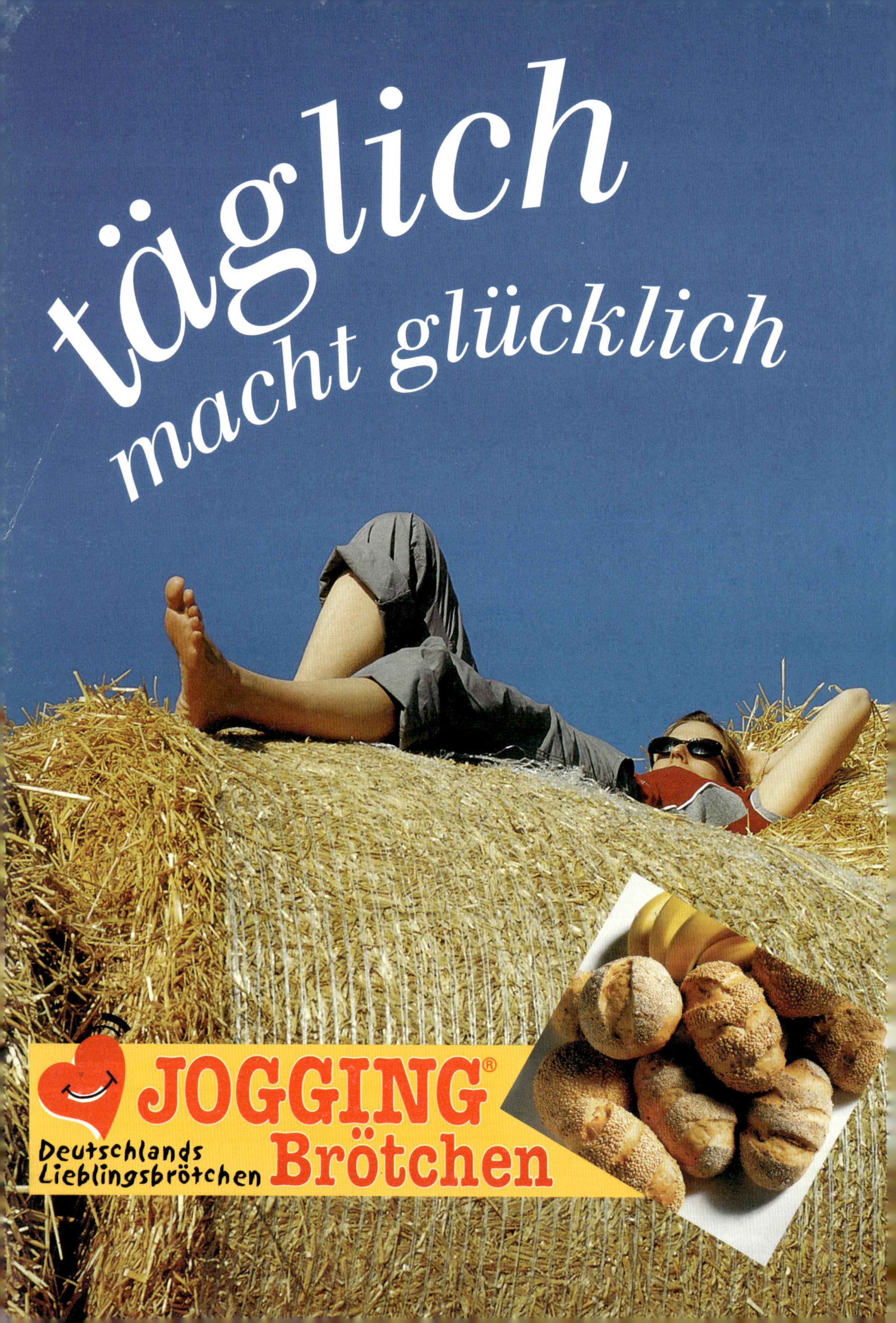
täglich
macht glücklich
JOGGING®
Deutschlands
Lieblingsbrötchen
Brötchen

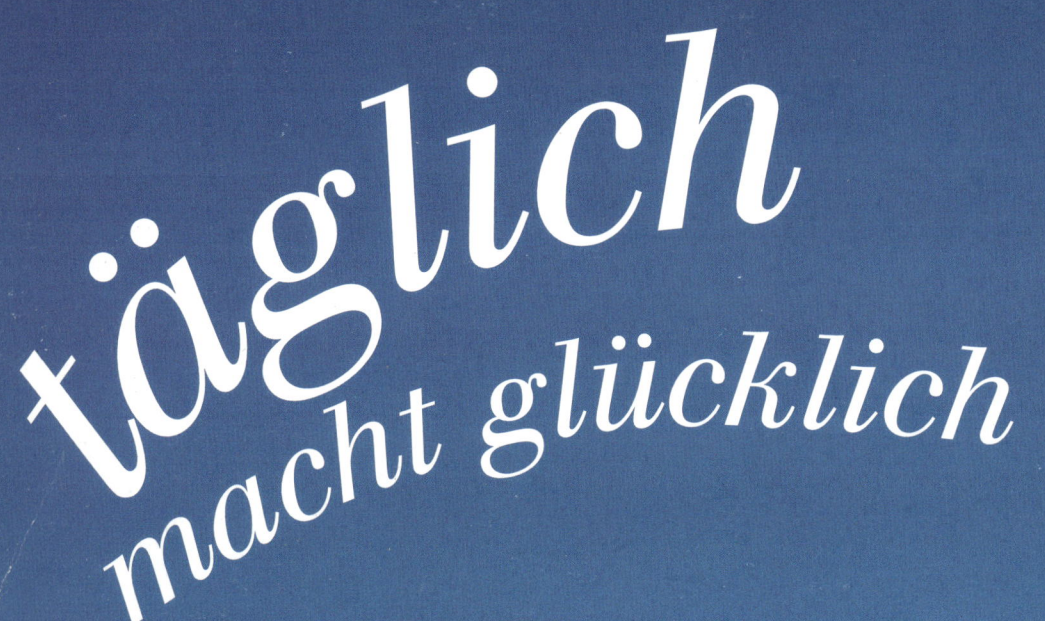